天堑变通途

主编◎王子安

汕头大学出版社

性兼趣味性的内容，让读者更加方便地了解历史万物，从而扩大青少年读者的知识容量，提高青少年的知识层面，丰富读者的知识结构，引发读者对万物产生新思想、新概念，从而对世界万物有更加深入的认识。

　　此外，本书为了迎合广大青少年读者的阅读兴趣，还配有相应的图文解说与介绍，再加上简约、独具一格的版式设计，以及多元素色彩的内容编排，使本书的内容更加生动化、更有吸引力，使本来生趣盎然的知识内容变得更加新鲜亮丽，从而提高了读者在阅读时的感官效果，使读者零距离感受世界万物的深奥、亲身触摸社会历史的奥秘。在阅读本书的同时，青少年读者还可以轻松享受书中内容带来的愉悦，提升读者对万物的审美感，使读者更加热爱自然万物。

　　尽管本书在制作过程中力求精益求精，但是由于编者水平与时间的有限、仓促，使得本书难免会存在一些不足之处，敬请广大青少年读者予以见谅，并给予批评。希望本书能够成为广大青少年读者成长的良师益友，并使青少年读者的思想得到一定程度上的升华。

2012年7月

目 录
contents

第一章 交通与通讯

交通的起源与发展……………3
通讯的起源与发展……………10
古代交通工具…………………18
古代通讯工具…………………30
中国古代交通史籍……………37

第二章 火车

中国铁路的发展………………47
世界火车的发展………………51
中国火车的发展………………76

第三章 汽车

汽车的相关概念………………85
汽车的发展历程………………94
世界著名汽车…………………105

第四章 船

船的相关概念…………………125
中国船的发展…………………130
世界船的发展…………………138
各式各样的船…………………141

第五章　飞　机

飞机的相关概念…………… 159　　飞机的发展历程…………… 169

飞机的结构及原理………… 163　　飞机制造商………………… 176

第六章　电报和传真

电报的相关概念…………… 197　　电报的发展历程…………… 201

传真的相关概念…………… 199　　传真的发展历程…………… 208

第七章　电　话

电话的发展历程…………… 215　　电信运营商………………… 225

几种具有代表性的电话…… 219

第八章　网　络

网络的诞生………………… 235　　网络的用途………………… 242

网络在中国的发展………… 238

第一章

交通与通讯

天堑变通途

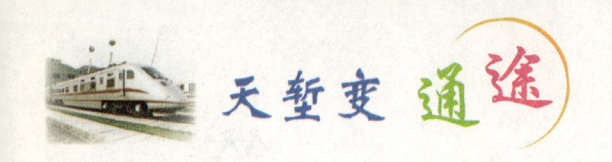

在远古时期，人类祖先由古猿进化而来，他们学会了制造工具，随后就在谋求生活的活动中，开始有目的地进行运输和信息传递。最原始的运输方式是手提、头顶、肩挑、背扛；最原始的信息传递方式是呼叫、打手势。后来，随着社会生产力的发展，畜牧业和农业逐渐分离，开始了产品交换，从而有了小范围的运输。后来，手工业和农业也逐渐分离，产生了货币，商品交换量也开始迅速增加，由此扩大和增加了运输的范围和数量。这时候的社会分工也越来越细，形成了运输业和邮电业。运输业是指专门从事运送旅客和货物的活动，邮电业则是指专门传递信息的活动。随着社会的不断发展和科学技术的不断进步，古代运输业、邮电业的内容和方式也不断得到发展和丰富。经历了5000年的漫长岁月，运输业从古代的人力发展为今天的航空运输，邮电业从古代的烽火报警发展为今天的卫星通信。

古 猿

远古时候主要靠人力进行信息传送，以传达军、政命令，并设有邮驿。17世纪后，英、法等国出现专门的邮政，为官、民通信服务。1896年，中国建立近代邮政。1837年，美国人莫尔斯发明电报机，标志着近代电信的开始。1876年，贝尔发明了电话。1895年，意大利人马可尼和俄国人波波夫都发明了无线电报。20世纪50年代后期，半导体与集成电路出现，形成大规模的现代化通信。

在这一章里，我们就来介绍一下交通和通讯的相关知识。

第一章 交通与通讯

交通的起源与发展

◆ 世界交通的发展

交通是各种运输和邮电通信的总称，主要指人和物的转运输送，以及语言、文字、符号和图像等的传递。

交通是随着人类生产和生活的需要而发展起来的。在古代，水上交通是最早产生的运输方式。在陆上交通方面，驯马牛以为陆运工具出现得最早，此后出现马牛拉车而促进了道路的人工修筑，直至出现丝绸之路。古代地中海的腓尼基人和濒临地中海的希腊人在造船、航海方面均较领先。11世纪中国将指南针用于航海，促进了世界航海技术的发展。哥伦布发现新大陆，麦哲伦的环球航行，都推动了水上运输的进步。公元前480年中国开凿了古老的运河邗沟，至秦朝又为粮运连通了长江与珠江两大水系的灵渠，成为水路自身联运的创举。18世纪下半叶，蒸汽机的发明导致了产业革命，促进了机动船和机车的出现，从此开始了近代运输业。1807年，美国人富尔顿首次将蒸汽机用于克莱蒙特号汽船上。1825年，英国发明家斯蒂芬森制造的蒸汽机车在英国斯托克顿达灵顿铁路上运行成功。19世纪末到20世纪初，汽车、飞机相继问世。1885年，德国人本茨制成内燃机为动力的汽车。1903年，美国人莱特兄

司南

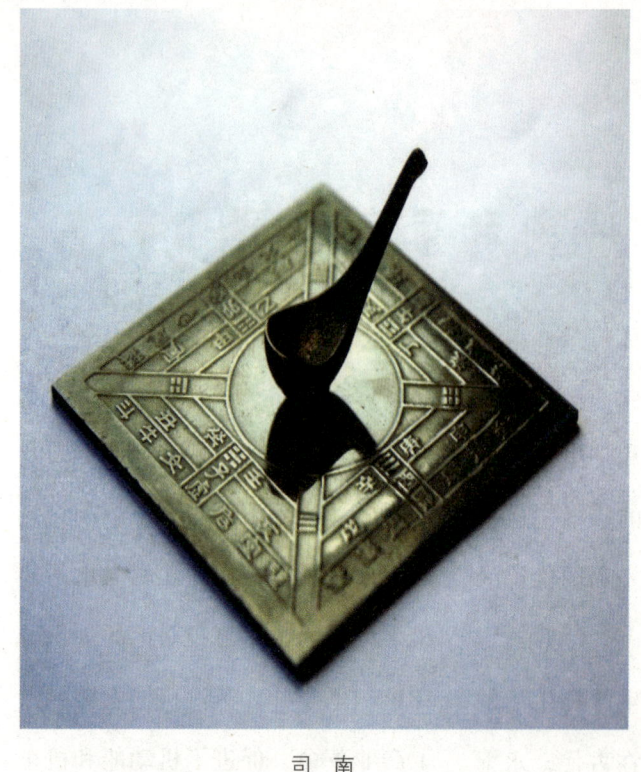

弟制成第一架内燃机推动的双翼飞机。20世纪50年代后，管道运输伴随石油和煤炭的大量输送也开始发展起来。

◆ 中国古代交通的发展

（1）先秦时期

这一时期，我国古代交通形成了初步规模。早在3000多年前的商朝，我国古代交通已有所发展。根据甲骨文、金文、出土实物及古籍记载，商朝不仅有了"车马""步辇"和"舟船"等交通工具，而且开始建立"驲传"制度，进行有组织的通信活动。考古学家在商代的遗址中曾发现过不少车辆的遗迹，商代的甲骨文也有与后来的"车"字相似的象形字。春秋战国时期，由于频繁的战争，统治者又修筑了许多通行战车的道路。中原各国陆路交通纵横交错，还沿途设立了"驲置"，即驿站。水路交通除了长江、淮河和黄河等天然河道之外，还开凿了胥河、邗沟、菏水和鸿沟等人工运河。

第一章　交通与通讯

胥　河

（2）秦汉时期

这一时期，全国性的交通网开始形成。秦始皇统一中国后，颁布"车同轨"的法令，把过去杂乱的交通路线，加以整修和联结，建成遍及全国的驰道，车辆可以在全国各地畅行无阻。同时，还设置了驿道，颁布了有关邮驿的法令，建立起传递官府文书和军事情报的邮传系统。汉朝时，在秦朝原有道路的基础上，继续扩建延伸发展了以京都为中心、向四面八方辐射的交通网，还开辟了经西域通往西方的道路——"丝绸之路"。

丝绸之路简称丝路，是一条由张骞出使西域开辟的以长安（今西安）为起点，经甘肃、新疆，到中亚、西亚，并联结地中海各国的陆

天堑变通途

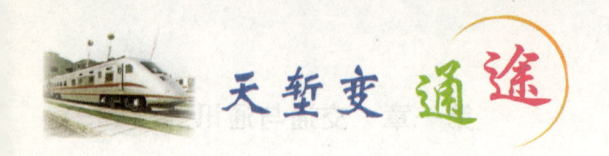

上通道。因为由这条路西运的货物中以丝绸制品的影响最大，故得此名。其基本走向定于两汉时期，包括南道、中道、北道三条路线。北线由长安沿渭河至虢县（今宝鸡），过汧县（今陇县），越六盘山，沿祖厉河，在靖远渡黄河至姑臧（今武威），路程较短，沿途供给条件差，是早期的路线。南线由长安沿渭河过陇关、上邽（今天水）、狄道（今临洮）、枹罕（今河州），由永靖渡黄河，穿西宁，越大斗拔谷（今偏都口）至张掖。中线与南线在上邽分道，过陇山，至金城郡（今兰州），渡黄河，溯庄浪河，翻乌鞘岭至姑臧。秦汉时期，水运事业也取得了较大的发展，秦朝时期挖掘的灵渠把长江水系和珠江水系连接起来，汉朝时期则开辟了沟通东方的汉帝国和西方的罗马帝国的海上航线。

（3）隋唐时期

灵　渠

第一章　交通与通讯

钱塘江

这一时期，我国水陆交通进入了一个新的历史阶段。隋朝时完成了贯穿南北的大运河工程，这是世界上开凿最早、规模最大、里程最长的运河。它北起北京，南到浙江杭州，故又名京杭运河。途经北京、天津、河北、山东、江苏、浙江4省2市，沟通海河、黄河、淮河、长江、钱塘江5大水系（元代以前通钱塘江，现仅通至杭州）。全长1747千米。公元前485年，吴王夫差筑邗江城，并掘邗沟，沟通江淮水道。隋大业元年，拓宽开深山阳渎（今里运河），又开通济渠，连结洛、黄、汴、泗诸水达于淮河。大业六年，拓宽浚深江南运河以达杭州。同时由洛阳附近凿永济渠通卫河，经临清转今天津，全线沟通，长约2700千米。唐朝时，海上贸易得到了一定的发展，并且开辟了新的海上航线，加强了东西方的交流和联系。唐朝京都长安也

7

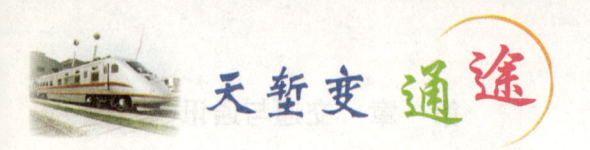

发展成了国内外交通的重要枢纽和中心，变成世界上最大的都市之一。此外，唐朝在各水陆要道上，广设馆驿，每30里一驿，构成了以京都长安为中心、遍布于全国的驿路系统。

（4）宋元时期

这一时期，古代交通进入鼎盛。宋朝时，指南针开始应用到海船上，使航海技术得到了大大提高。宋朝时还把帆船作为海上交通的重要工具，从广州、泉州等地出航东南亚、印度洋以至波斯湾。元朝时期，沿海航运事业更是发达。除了继续开挖运河，使京杭大运河全线通航外，又开辟了以海运为主的漕运路线，从海上最多时年运粮达360万石。元朝的幅员之大，盛

京杭大运河

第一章 交通与通讯

于前代；驿路分布之广，也是前代所不能比的。在全国水陆通道上，元朝遍设站赤，构成了以大都（今北京）为中心、通向全国及至境外的稠密的驿路交通网。站赤，驿站的译称，蒙语音译，本意为司驿者，即管理驿站的人，兼指站官及站户。站赤分陆站和水站。陆站又有马站、牛站、车站、轿站、步站之别，北方使用雪橇地区间还有狗站；水站中又有海站。陆站间的距离，从五六十里至百数里不等。如果站程相距较长，中间又置有邀站以供使者暂息。每站当役的上户及所备马、牛、舟、车等交通工具的数目，视其繁忙程度而定，从两三千户到百余户不等。步站置有搬运夫，专司货物运送。

（5）明清时期

这一时期，我国古代交通日趋衰落。明代造船业规模最大，出现了造船高峰。这一时期在交通史上最重要的事件，就是明朝大航海家郑和，从公元1405年到1433年先后七次渡洋远航，把我国古代航海活动推向了顶峰。郑和船队已经把航海天文定位与导航罗盘的应用结合起来，提高了测定船位和航向的精确度，人们称"牵星术"。用"牵星板"观测定位的方法，通过测定天的高度，来判断船舶位置、方向、确定航线。这项技术代表了那个时代天文导航的世界先进水平。郑和下西洋航行时确定航行的线路，叫作针路，罗盘的误差不超过2.5度。郑和下西洋所到之处，不仅进行海外贸易，还传播先进的中国文化。郑和出色地将中华文明远播海外，在中外文化交流史上写下了新的篇章。但是，不久以后明清两朝相继实行了海禁，中国航海事业从此一蹶不振。

1840年鸦片战争以后，帝国主义纷纷侵入，近代交通工具火车、

公路不断开辟，遂使我国以帆船为主要工具的古代水上运输业，以畜力车、人力车为主要工具的古代陆路运输业和以邮驿为主要方式的古代邮政通信业日趋衰落并逐步废弃。

郑 和

轮船和汽车相继兴起，铁路、航线和

通讯的起源与发展

◆ 中国通讯的发展

早在商代，我国就开始用烽火台来进行远距离信息的传递。说到烽火台，还有一个有趣的小故事——"周幽王烽火戏诸侯"。传说周幽王只为了褒姒一笑，点燃了烽火台，戏弄诸侯。公元前781年，周幽王即位。他昏庸无道，到处寻找美女。大臣褒响因向周幽王劝谏而被周幽王关押在监狱里

第一章 交通与通讯

长达三年之久。其子为了救出父亲，将美女褒姒献给周幽王。周幽王一见褒姒，尤为喜欢。但褒姒却老皱着眉头，从未笑过。周幽王想方设法欲博美人一笑，始终未曾成功。虢石父便给周幽王出了一个主意，他对周幽王说："从前为了防备西戎侵犯我们的京城，建造了二十多座烽火台。可现在天下太平，烽火台早已无用。不如把烽火点着，叫诸侯们上个大当。娘娘见了这些兵马跑来跑去，就会笑的。"周幽王觉得此法甚好，于是让属下点起烽火，半夜里满天全是火光。邻近的诸侯看见了烽火，赶紧带着兵马跑到京城。听说大王在细山，又急忙赶到细山。褒姒瞧见这么多兵马忙来忙去，终于笑了。由此可知，在商代时，我们的祖先就开始用烽火台来

周幽王和褒姒

传递信息了。

到了秦汉时期，形成了一整套驿传制度。特别是汉代，将所传递文书分出等级，不同等级的文书要由专人、专马按规定次序、时间传递，收发这些文书都要登记，注明时间，以明责任。

隋唐时期，驿传事业得到空前发展。唐代的官邮交通线以京城长

天堑变通途

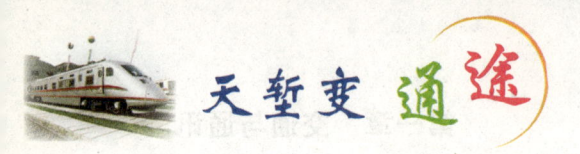

安为中心，向四方辐射，直达边境地区，大致30里设一驿站。最繁盛的时候全国有1639个驿站，专门从事驿务的人员共两万多人，其中驿兵17000人。邮驿分为陆驿、水驿、水路兼并三种，各驿站设有驿舍，配有驿马、驿驴、驿船和驿田。唐代对邮驿的行程也有明文规定，陆驿快马一天走6驿即180里，再快要日行300里，最快要求日驰500里；步行人员日行50里；逆水行船时，河行40里，江行50里，其他60里；顺水时一律规定100到150里。由此可见，唐朝邮驿通信的组织和速度已经达到很高的水平。

到了宋代，所有的公文和书信的机构总称为"递"，并出现了"急递铺"。急递的驿骑马领上系有铜铃，在道上奔驰时，白天鸣铃，夜间举火。铺铺换马，数铺换人，风雨无阻，昼夜兼程。

元代驿传又称"站赤"，意为司驿者，在元代汉文文献中除用于称站官和站户外，还混用于称驿站，所以后来通称邮驿为驿站。元朝建立后，随着军事活动范围的扩大，通讯事业更加发达。那时

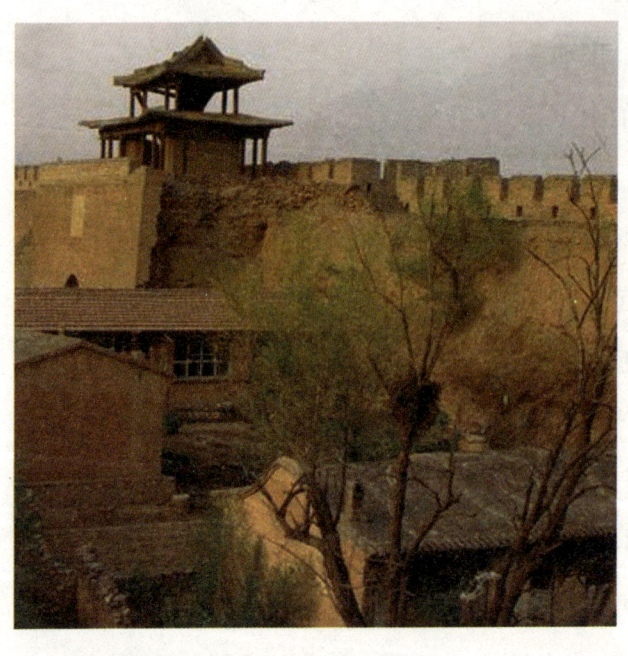

站赤

第一章　交通与通讯

在中国境内，就设有驿站1496处。在元朝做官的意大利人马可·波罗在他所著的《马可·波罗行记》这本书中曾提到，元朝每二十五里必设一处驿站。每个驿站都有华丽宽敞的房屋，内备床铺，被褥皆以绸缎制成，住宿时所需物品无不俱全，专为钦使来往休息之用。他还说这样大的驿站元朝足为一万多处，驿马共有30万匹，他的描写可能有些夸大，但也可想见元朝驿站规模之大。元朝也有专门传送公文的邮驿，称急递铺，基本上沿用宋、金之制。

明代驿传机构，在京城设会同馆，地方分别设水马驿、递运所和急递铺。水马驿：马驿六十里或八十里一置，冲要去处。各驿马匹分上、中、下三等，马膊上悬挂小牌，明写第。水驿设船，使客通行正路每驿二十只、十五只、十只；其分行偏路，亦设船七只、五只。每船设水夫十名。

递运所：在陆路者设置车辆，在水路者设置船只。急递铺：每十里设一铺，每铺设日晷一个，以验时刻。递送公文，照依古法，公文到铺，随即递送，无分昼夜。铺司预先出铺交收，填写时刻、该递铺兵姓名，小回历一本，急递至前铺交收，于回历上附写到铺时刻，以凭稽考。

清代驿传以京城皇华驿为中心，通达全国。各省所设称驿，属所在厅州县兼管，间有设驿丞专管者；盛京所设亦称驿，专设驿丞管理，不隶州县。除西藏外，全国所设驿、站、台、塘共两千余处，统称驿站。清初亦置递运所，后并归驿站，惟甘肃一带设牛马专司运载。各省皆设铺司，各以铺夫、铺兵走递公文。驿站仍归兵部总管。凡应给驿者，发给邮符为验，称勘合、火

天堑变通途

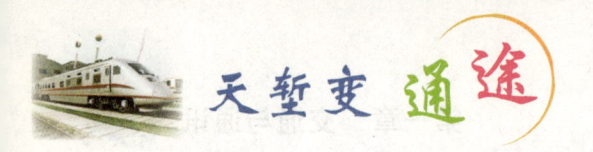

大型古驿站——鸡鸣驿

牌,其往来应供马匹、廪给及跟役人数、口粮,按品级为等差,皆于勘合上填注。驿递则验以火票,定其迟速之限(自日行三百里至六百里),按所达之路程计其时日。铺递亦同。咸丰间,冯桂芬建议裁减驿站,仿效西方设邮政局。咸丰、同治以后,随著轮船、铁路、电讯、邮政相继发展,驿站逐渐变得无足轻重。至光绪三十二年,特立邮传部以掌轮、路、电、邮,在此前后,驿站相继裁去。

鸦片战争后,西方列强在中国掠夺土地和财富的同时,也为中国带来了近代的邮政和电信。1900年,我国第一部市内电话在南京问世。1904年至1905年,俄国在烟台至牛庄架设了无线电台。中国古老的邮驿制度和民间通信机构被先进的邮政和电信逐步替代。

中华民国时期,中国的邮电通

第一章　交通与通讯

信仍然在西方列强的控制中。加上连年战乱，通信设施经常遭到破坏。抗战时期，日本帝国主义出于战争需要和企图长期统治中国的目的，改造和扩建了电信网络体系，他们利用当时中国经济、技术的落后和政治制度的腐败，通过在技术、设备、维修、管理等方面对中国的通信事业进行控制。

1949年以前，中国电信系统发展缓慢。1949以后，中央人民政府迅速恢复和发展通信。1958年，北京电报大楼建立，这是新中国通讯发展史上的一个重要里程碑。十年"文化大革命"期间，邮电业遭受巨大打击，业务发展停滞不前。到1978年，全国电话普及率仅为0.38%，每200人中拥有话机还不到一部，比美国落后75年！大部分县城、农村仍在使用"摇把子"，长途传输主要靠明线和模拟微波。

改革开放后，落后的通信网络阻碍了我国经济的发展。自上世纪80年代中期以来，中国政府加快了基础电信设施的建设，到2003年3月，固定电话用户数达22562.6亿，移动电话用户22149.1亿户。

◆世界通讯的发展

在欧洲，对于远距离传送声音的研究始于17世纪，最初由英国著名的物理学家和化学家罗伯特·胡克提出。1793年，法国查佩兄弟俩在巴黎和里尔之间架设了一条230千米长的接力方式传送信息的托架式线路。这是一种由16个信号塔组成的通信系统，信号机由信号员在下边通过绳子和滑轮，操纵支架的不同角度，表示相关的信息。据说，查佩两兄弟之一是第一个使用"电报"这个词的人。1796年，休斯提出了用话筒接力传送语音信息的办法，并且把这种通信方式称为Telephone，

天堑变通途

滑轮

一直延用到今天。1837年，莫尔斯从在电线中流动的电流在电线突然截止时会迸出火花这一事实得到启发，设计出了著名的莫尔斯电码，它是利用"点""划"和"间隔"的不同组合来表示字母、数字、标点和符号。1844年5月24日，莫尔斯亲手操纵着电报机，发出了世界上第一份电报。

1876年2月14日，贝尔在美国专利局申请了电话专利权。在他提出申请两小时之后，一个名叫格雷的人也申请了电话专利权。其实，早在1854年，电话原理就已由法国人鲍萨尔设想出来了，6年之后德国人赖伊斯又重复了这个设

第一章 交通与通讯

想。原理是：将两块薄金属片用电线相连，一方发出声音时，金属片振动，变成电，传给对方。但在当时，这仅仅是一种设想。1875年6月2日，贝尔在一次试验中把金属片连接在电磁开关上，发现声音奇妙地变成了电流。分析原理后发现，原来是由于金属片因声音而振动，在其相连的电磁开关线圈中感生了电流。这在当时是一个了不起的发现。而格雷的设计原理与贝尔有所不同，是利用送话器内部液体的电阻变化产生电流，而受话器则与贝尔的完全相同。1877年，爱迪生又取得了发明碳粒送话器的专利。同时，还有很多人对电话的工作方式进行了各种各样的改进。

1906年，Lee De发明了电子试管，它的扩音功能领导了电话服务的方向。后来贝尔电话实验室据此制成了电子三极管，这项研究具有重大意义。1915年1月25日，第一条跨区电话线在纽约和旧金山之间开通。它使用了2500吨铜丝，13万根电线杆和无数的装载线圈，沿途使用了3部真空管扩音机来加强信

铜　丝

天堑变通途

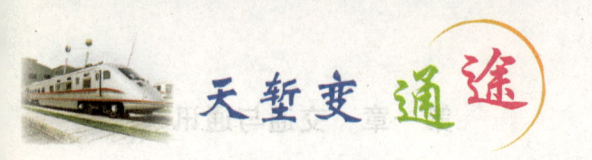

号。1948年7月1日，贝尔实验室的科学家发明了晶体管，对人类生活的各个方面都起到了巨大的影响。其后几十年里，又有大量新技术出现，例如集成电路的生产和光纤的应用，这些都对通信系统的发展起了非常重要的作用。

自古以来，无数人都在为了更快更好地传递信息而努力，电信发展的一百多年时间里，通信方式在不断变化着：最初的电报采用了类似"数字"的表达方式传送信息；其后出现了以模拟信号传输信息的电话；随着技术的进步，数字方式以其明显的优越性再次得到重视，数字程控交换机、数字移动电话、光纤数字传输等相继出现。

古代交通工具

◆ 交通工具的发展

交通工具是人类生活中不可缺少的一个重要部分。从狭义上看，交通工具指一切人造的用于人类代步或运输的装置。如：自行车、汽车、摩托车、火车、船只及飞行器等。其中也包括马车、牛车、黄包车、轿子等移动设备。随着时代的变化和科学技术的进步，我们周围的交通工具越来越多，大大缩短了人们交往的距离，给每一个人的生活都带来了极大的方便。

中国幅员辽阔，各地自然条件不同，不同地区人民使用的交通工

第一章　交通与通讯

人力黄包车

具也有很大的差别。比如，沙漠之舟骆驼是西北地方常见的运输工具，而在河汊交错的江南，舟船则是主要的交通工具。在西南地区，一种古老而以人抬杠的竹制交通工具——滑竿仍广为使用。

最原始的交通工具是人的双脚。古代的人民根据实际的需要，不断发明并改进已有的交通工具。中国是最早造车和使用车的国家之一，相传早在4600年前，黄帝就创造了车。古时候，车的横木称"轩"、直木称"辕"，所以后人又称黄帝为轩辕。据《吕氏春秋》等书记载，最早发明车的是夏代的奚仲，他更出任"车正"一职，负责管理车辆。考古学家在商代的墓葬中发现了车辆的遗迹，可知商代时已普遍使用车辆。车辆出现后，大大便利了人们的生产和生活。为了增加车辆的负载量和提高运行的速度，人们将马、牛、驴等家畜用

天堑变通途

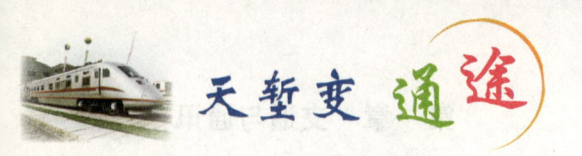

指南车

于挽拉车辆，由此出现了马车、牛车、驴车。这些以畜力牵引的工具可以将古人从繁重的推拉车劳动中解放出来，成为车的驾驭者，是文明的一大进步。除此以外，汉代杰出的科学家张衡，发明了举世闻名的记里鼓车；在东汉至三国时代出现了既经济又实用的独轮车；诸葛亮北伐魏国时蒲元又创造了一种独特的车辆"木牛流马"；同时代的马钧又重建了指南车。另一方面，人类很早就开始以家养的牛、马等牲畜驮运物品。车出现后，牛、马等家畜又被用于挽拉车辆。与此同时，轿子和以风作为动力的帆船也作为一种交通工具与畜力交通工具长期并存，以人力、畜力和风力作为动力的交通工具占据了人类历史的绝大部分时间。

陆上交通靠车马，水上交通靠舟船。在原始社会末期，中国就出现了船舶。最早的船只是竹筏、木

第一章　交通与通讯

筏和独木舟。秦汉时期，中国的造船业出现了第一个高峰，其中比较突出的是可作军事或游玩用途的楼船。唐宋时期是中国造船史上的黄金时期，船舶数量之多、质量之高均远远超过前代。宋人为出使朝鲜建造了"神舟"，其载重量竟达15000吨以上。公元7世纪以后，中国远洋船队纷纷活跃于万顷波涛的大洋上。往来于东南亚和印度洋一带的外国商人，都乐于乘坐中国的海船。明清时期是造船业的第二个黄金时期，制造了许多质量较高的船只。郑和下西洋的"宝船"和为数众多的漕船，都反映了当时先进的造船水平。除了上述大船以外，还有各种各样的小船。此外，还有一种特殊的船，叫"龙舟"。"龙舟"就是做成龙形或刻有龙纹的船只。古代那些有"真龙天子"之称

龙　舟

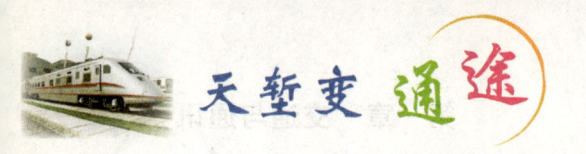

的帝王们，行走水路时一般都要乘龙舟。如《穆天子传》一书中记载的"天子乘鸟舟龙舟浮于大沼"，还有《隋书·炀帝纪》一书中记载的"上御龙舟，幸江都"。皇帝乘坐的龙舟，高大宽敞，雄伟奢华，舟上楼阁巍峨，舟身精雕细镂，彩绘金饰，气象非凡。在民间，赛龙舟是一种水上体育娱乐项目，已流传两千多年，多在喜庆节日举行，是多人集体划桨竞赛。史书记载，赛龙舟为了纪念爱国诗人屈原而兴起。由此可见，赛龙舟不仅是一种体育娱乐活动，更体现出人们心中的爱国主义和集体主义精神。

◆代表性的古代交通工具

（1）马

马是古代最快捷的交通工具，使用非常普遍。马在我国被驯养的时间，大约在新石器时代晚期。马以其快捷健走、力大温良的优点，很早就被人类所认识。早期马多被用来作为拉车的工具，春秋战国时期，各诸侯国的军队最初都是以步兵和兵车混合为主，动辄都是几十万，而骑兵最多不过五六千骑。直至赵武灵王提倡"胡服骑射"，才为赵国训练了一支强大的骑兵队伍，改变了原来的军队装备，这是军事史上一项伟大的变革。此后，各诸侯国都非常重视骑兵的发展。

中国人很早就开始使用马，御马在中国文化中占有极其重要的地位。秦汉时期，骑马已经非常普遍。汉武帝初年，长安的大街小巷更满是马的踪影，汉人建立了庞大的骑兵军团。中国人在御马科技上也有突出的贡献。马鞍和马镫是全套马具中继马嚼和缰绳之后最重要的发明。在没有鞍镫的时代，人们需要骑跨于裸马的背上，仅靠抓住缰绳或马鬃并用腿夹紧马腹使自己在马匹飞驰的时候不致摔落。但这

第一章 交通与通讯

马 镫

种方式是很不可靠的,首先是长时间骑马容易疲劳,同时在奔跑的马背上也难以有效地使用弓箭。因而在近战中,骑手无法随心所欲地使用刀剑和长矛,劈砍或刺杀落空、双方兵刃的撞击等都会随时令骑手从马上滑下。约在公元4世纪南北朝时,中国人首先发明了马镫,大大提高了人们骑在马背上的稳定性。马镫虽然很小,作用却很大,它可以使骑士和战马很好地结合在一起,把人和马的力量合在一起,发挥出最大效力。最早的马镫实物,发现于公元3世纪中叶到4世纪初中国东北的鲜卑人活动的区域,出土地点在辽宁省西部与内蒙古赤峰相接的北票市。1965年,考古人员在今北票市北燕贵族冯素弗墓中,出土了一对木芯长直柄包铜皮的马镫。这对马镫长24.5厘米,宽16.8厘米,是国际上现存时代最早的马镫实物。欧洲最早的马镫出土于公元6世纪的匈牙利阿瓦尔人的墓葬中,以窄踏板直柄金属马镫为

汗血马

主。有些西方考古学者认为阿瓦尔人的马镫是中国传统的直柄横穿金属马镫，或者有中国工匠直接参与到为阿瓦尔人制作马镫的工作中，因此马镫也被称为"中国靴子"。

速度特别快的骏马称为"千里马"，在千里良马中，最传奇的要算西汉时期的汗血马。汗血马原产土库曼斯坦，是经过三千多年培育而成的世界上最古老的马种之一。史记中记载，张骞出西域，归来说："西域多善马，马汗血。"故在中国，两千年来这种马一直被神秘地称为"汗血宝马"。全世界汗血马的总数量非常稀少，一共只有3000匹左右，产于土库曼斯坦，并被当做国宝赠送他国。因此，土库曼斯坦将汗血马奉为国宝，并将

第一章 交通与通讯

它的形象绘制在了国徽和货币上。中国对"汗血马"的最早记录是在2100年前的西汉。汉初白登之战时，汉高祖刘邦率30万大军被匈奴骑兵所困，凶悍勇猛的匈奴骑兵给汉高祖留下了极深的印象，而当时，汗血宝马正是匈奴骑兵的重要坐骑。目前，我国共有4匹汗血宝马，其中3匹在长春，1匹在新疆。

（2）骆驼

骆驼和其他动物不同，耐饥耐渴，人们能骑着骆驼横穿沙漠。因此，骆驼有着"沙漠之舟"的美称。骆驼的眼睛上长有两排长而浓密的睫毛，耳壳内有密生的耳毛，鼻孔内有挡风瓣膜，可以抵挡风沙侵袭。骆驼的蹄子宽而扁平，适合在沙上行走。足底有约0.5厘米厚的肉垫，皮亦较厚，可以抵挡烈日和严寒。骆驼的耐力更为惊人，在负

骆 驼

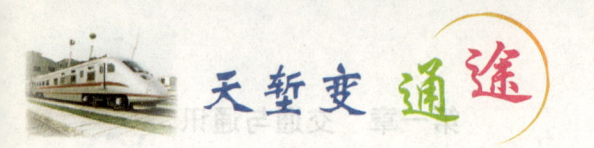

重200千克的情况下，仍能以每天75千米的速度连走4天。骆驼的驼峰可以储存脂肪，胃和肌肉能贮存水。因此，就算一时找不到食物和水，骆驼也可以利用贮存的脂肪和水维持生命。另外，骆驼的嗅觉特别灵敏，能感觉到几里以外的水源。

骆驼是中国西北荒漠地区最主要的交通工具，可用作骑乘、驮运、拉车等工具。骆驼是荒漠半荒漠地区，尤其是沙漠地区的主要骑乘工具，也曾被广泛用于沙漠考察等工作。骆驼虽不善于奔跑，但其腿长，步幅大而轻快，持久力强，加上其蹄部的特殊结构，在短距离骑乘时，双峰驼的速度可达10~15千米/小时，长距离骑乘时，每天行程可达30~35千米。因此，骆驼非常适合作为沙漠中重要的交通工具。

骆驼还是沙漠、戈壁、盐酸地、山地及积雪很深的草地上最为重要的驮畜，骆驼在这些地区发挥着其他家畜及交通工具难以替代的作用。因此，骆驼被广泛用于沙漠地区的探险、科学考察、运输等工作。骆驼在气候恶劣、水草供应不足的情况下，仍可坚持运输。一般说来，双峰驼的驮重约为体重的33.8%~43.1%，即100~200千克，短途运输时，可驮重250~300千克，行程每天可达30~35千米。

（3）轿子

轿子是一种靠人或畜扛、载而行，供人乘坐的交通工具，曾在东西方各国广泛流行。就其结构而言，轿子是安装在两根杠上可移动的床、坐椅、坐兜或睡椅，有篷或无篷。轿子最早是由车演化而来，所以旧时轿子又称"肩舆""平肩舆"。"轿子"之名，据说最早始于宋，在圣经《以赛亚书》中也有记载。古罗马时代，只有皇后和元老院议员的夫人才能乘坐。从公元

第一章　交通与通讯

17世纪到有弹簧坐垫的马车出现之前，轿子在整个欧洲都很盛行。

古代的轿子，大致有两种形制：一种是不上围子的"凉轿"，也叫"亮轿"或"显轿"；另一种是配上帷幔的暖轿，又叫"暗轿"。如按其用途的不同，则分为皇室王公使用的"舆轿"、达官贵人乘坐的"官轿"，以及人们娶亲用的"花轿"三种类型。民间轿子多为二人抬扛，而官员所乘的有"四人抬"和"八人抬"之分。在形制的类型、帷子的用料色泽方面，不同官品的官员所乘坐的轿子都有严格的区分标准。

轿子是中国古代一种特殊的交通工具，曾流行于广大地区，因时代、地区、形制的不同而有不同的

轿　子

名称，如肩舆、檐子、兜子、眠轿、暖轿等。现代人所熟悉的轿子多系明、清以来沿袭使用的暖轿，又称帷轿，为木制长方形框架，于中部固定在两根具有韧性的细圆木轿杆上。轿底用木板封闭，上放可坐单人或双人的靠背坐箱。轿顶及左、右、后三侧以帷帐封好，前设可掀动的轿帘，两侧轿帷多留小窗，另备窗帘。从先秦到两晋时期，轿子只流行于皇室贵族。到唐代，轿子除了供帝王乘坐以外，也只是妇女和老弱多病的官员的交通工具。宋代，轿子才成为普及的交通工具。民间所用的轿子分素帷小轿和花轿两种。前者系一般妇女出门所用之物，后者则专用于婚嫁迎娶。20世纪80年代中期开始，素帷小轿、花轿都被旅游业启用。花轿多设置在旅游点，与中国帝王传统的结婚礼服——凤冠、霞帔配合，用来接待中外游客，举行中国古代婚礼仪式，或用作拍照道具。素帷小轿则作为江浙山区的一种民俗交通工具，用来迎送中外游客。

明清时期，一般的官吏多使用蓝呢或绿呢作轿帏，所以有"蓝呢官轿"和"绿呢官轿"之称。皇亲国戚所乘的轿子则由10人到30多人抬扛，其用料及形制自然要合乎皇家规范。随着社会的进步，科技的发达，轿子这种具有鲜明时代特征的交通工具，已逐渐被其他先进的交通工具所替代。

第一章 交通与通讯

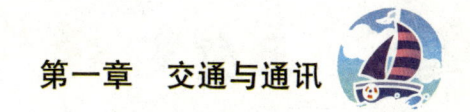

📝 交通知识小百科

古人的梦想

古人对辽阔的天空一直充满好奇，他们发现鸢、鹊能够在天上自由飞翔，于是就产生了飞身上天的梦想，并创造了许多关于飞行的神话传说。例如传说中的周穆王访问天神西王母时，就是乘着一辆黄金碧玉之车，腾云驾雾，以日行万里的速度奔向西方的昆仑山。而西王母乘坐的则是一辆更为华丽的紫云车。另外，还有仙人王子乔骑着白鹤在天上自由来去，秦穆公的女婿萧史、女儿弄玉分别乘龙跨凤，翱翔于空中的故事；《西游记》中的孙悟空一个筋斗可往来十万八千里；嫦娥奔月的故事更是在民间广泛流传，经久不衰。

纸 鸢

还有甘肃敦煌石窟里的壁画，也给我们留下了许多美丽动人的"飞天"形象。但是，古人并不仅仅满足于梦想，而是更大胆地设想了飞行的方法，进行了各种实验，因而有了木鸟试飞的探索故事。

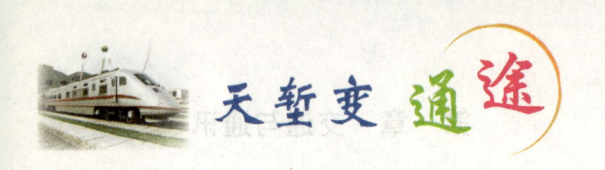

古代通讯工具

◆ 古代通讯工具的发展

通信是人们进行社会交往的重要手段，历史悠久。我们的祖先在没有发明文字和使用交通工具之前，就已经能够互相通信了。在远古时候，我国使用击鼓传递信息的时间最早应当是在原始社会末期。到西周时候，我国已经有了比较完整的邮驿制度。春秋战国时期，随着政治、经济和文化的进步，邮驿通信系统逐渐完备起来。三国时期，曹魏在邮驿史上最大的建树是制定了《邮驿令》。隋唐邮传事业发达的标志之一是驿的数量的增多。到我国元朝时期，邮驿又有了很大发展。清代，邮驿制度改革的最大特点是"邮"和"驿"的合并。清朝中叶以后，随着近代邮政的建立，古老的邮驿制度就逐渐被淘汰了。

我国古代民间有许多种通信方式。古时写信用绢帛，把信折叠成鲤鱼形。汉代时，苏武出使匈奴，被流放在北海边牧羊，与朝廷联系中断。苏武利用候鸟春北秋南的习性，写了一封信系在大雁的腿上。此雁飞到汉朝皇家的花园后，皇帝得知了苏武的情形。朝廷据此通过外交途径把他接了回来。唐玄宗时，首都长安有一富翁杨崇义，家中养了一只绿色鹦鹉。杨妻刘氏与李某私通，合谋将杨杀害。

第一章　交通与通讯

官府派人至杨家查看现场时，挂在厅堂的鹦鹉忽然口作人语，连叫"冤枉"。官员感到奇怪，问道："你知道是谁杀害杨崇义的？"鹦鹉答："杀害家主的是刘氏和李某。"此案上报朝廷后，唐玄宗特封这只鹦鹉为"绿衣使者"。

◆ 具有代表性的古代通讯工具

（1）喇叭

当人向远处喊话时，如果把两只手围成喇叭形放在嘴前，就能够把声音传得远一些。因此，人们根据这个原理制造了喇叭筒。喇叭筒是最早的传声工具，至今还可以见到。

（2）击鼓传声

鼓是将兽皮蒙在框架或容器上制成的。在公元前3500年中国就有了鼓。1000年后，美索不达米亚的苏美尔人制成一种与人一般高的圆鼓，鼓身还绘有图画。非洲鼓是用兽皮蒙在木桶上做成的，一直用来传送消息。有些非洲鼓是用一节掏空的树干和大象皮做成的，敲起来非常响亮，声音能传到三四千米外。击鼓时一个部落一个部落地传下去，可以把信息传得很远。

（3）烽火台

在中国古代，为了传递军事情报，人们曾设立过烽火台，利用火

鼓

与烟传递信息。烽火台白天烧狼粪，夜间点柴草。传说烧狼粪时有很大的浓烟直冲蓝天，在白天比火

31

天堑变通途

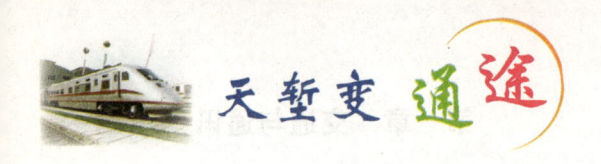

包头驿站

光更易被人发现，因此烽火有时又被称为"狼烟"。当发现敌情时，燃起烽火，台台相传，一直传到军营。在2700多年前，中国周朝时的烽火告警系统就已经很完备了，历史上就流传着"幽王烽火戏诸侯"的故事。

（4）长跑

在交通和通信很不发达的古代，人们要传递信息只能靠两条腿或骑马。我们今天所熟知的马拉松长跑项目，就是为了纪念一位2000多年前为传送捷报而牺牲的英雄设立的。公元前490年，希腊军队在马拉松平原击退波斯王大流士一世军队的入侵。传令兵菲迪皮茨一口气从马拉松镇跑到首都雅典报告喜讯，当他跑完42 195千米的路程，赶到雅典广场说完"我们胜利了"之后，就精疲力竭，倒地而死。为了纪念这位战士的英雄事迹，1896年，在世界第一届奥运会上，他跑

第一章　交通与通讯

过的距离被作为一个长跑比赛项目列入运动会。

（5）驿站

中国远在周朝时就建立了专门传递官府文书的驿站，通过骑马将文书一个驿站接一个驿站地传递下去，同时建立了一套较为完整的驿邮制度，以实现快速、准确的通信。秦代统一六国后，就将驿站信息传递系统作为国家的行政机构确定了下来。驿邮就是骏马以每小时奔跑15千米左右的速度传递信息来实现远距离快速通信的。

（6）风筝

风筝在古代是传递消息和侦察的用具。刘邦和项羽决战时，刘邦手下的大将韩信曾放起一只木鸢，根据线长来估测项羽军队驻扎地的距离，从而确定方位，开凿地道，最终攻破项羽大军。唐朝时，田悦率兵包围临洺城，唐朝将领令士兵放出一个纸鸢，可飞高百余丈，穿过围攻部队的上空，飘向城外，传达求援信息，终于引来了救兵解围。唐朝以后，随着造纸业的发达，风筝开始穿上轻而薄的纸衣，木鸢就逐渐为纸鸢所代替了。五代时，有个叫李邺的人在纸鸢头上装上竹笛和丝弦，当纸鸢升入空中后，由于风吹竹笛发出声响，"风筝"之名由此得来。

（7）信鸽和信猴

为了传递信息，古时候的人们还想出了许多奇异的方法，比如漂流瓶、信号树、信鸽和信猴等等。从古至今，信鸽一直是有效的信息传送工具。即便是在通信技术高度发达的今天，信鸽仍有用武之地。在战争中，通信联络至关紧要。然而一旦爆发核战争，核爆炸产生的强烈电磁辐射将使现有的各种电子通信系统陷于瘫痪，但信鸽仍能自由飞翔。瑞士军队训育出了一种能双向投书的信鸽，这些信鸽不再传送传统的文字书信，而

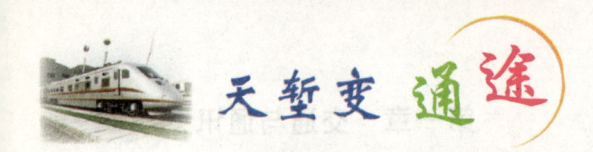

信 鸽

是携带装在胶囊里的计算机芯片，内中的密码情报也只能在专门的装置上阅读，保密性极高。信鸽甚至有可能成为特种通信兵。在尼日利亚贝喀萨地区，人们还用猴子送信。人们将母猴和子猴分别关在两地，并时常将母猴带去寻找子猴，使母猴认得路线。当人们需要通信时，将信装在竹筒里绑在母猴身上，放它出去寻找子猴，母猴便能将信送到目的地。

（8）灯塔

灯塔起源于古埃及的信号烽火。世界上最早的灯塔建于公元前7世纪，位于达尼尔海峡的巴巴角上，像一座巨大的钟楼矗立着。那时人们在灯塔里燃烧木柴，利用它的火光指引航向。公元前280年，古埃及人奉国王托来美二世菲莱戴尔夫之命在埃及亚历山大城对面的法罗斯岛上修筑灯塔，高达85米，

第一章 交通与通讯

灯 塔

日夜燃烧木材,以火焰和烟柱作为助航的标志。公元9世纪初,法国在吉伦特河口外科杜昂礁上建立灯塔,至今已两次重建,现存的灯塔建于1611年。在所有的古老灯塔中,意大利的莱戈恩灯塔至今仍在使用。这座灯塔建于1304年,为石头砌成,高50米。美国第一座灯塔是建于1716年的波士顿灯塔,1823年建成透镜灯塔,1858年建成电力灯塔,1885年首次用沉箱法在软地基上建造灯塔,1906年落成第一座气体闪光灯塔。

（9）通信塔

18世纪,法国工程师克劳德·查佩成功地研制出一个加快信息传递速度的实用通信系统。该系统由建立在巴黎和里尔230千米间的若干个通信塔组成。在这些塔顶上竖起一根木柱,木柱上安装一根

信号旗

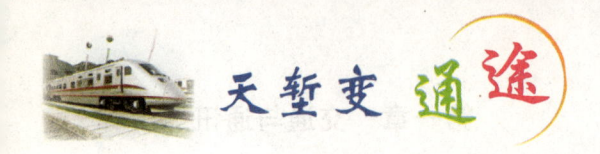

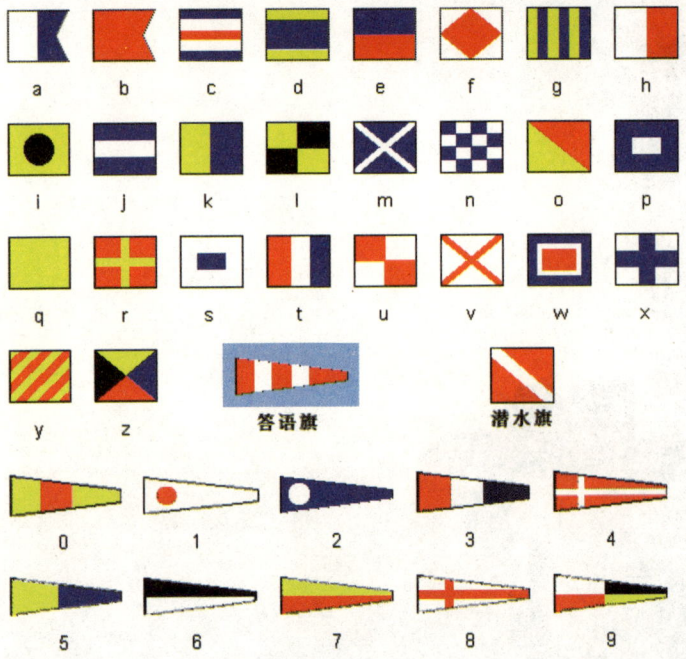

水平横杆，木杆可以转动，并能在绳索的操作下摆动形成各种角度。在水平横杆的两端安有两个垂直臂，也可以转动。这样，每个塔通过改变木杆可以构成192种不同的构形，附近的塔用望远镜就可以看到表示192种含义的信息。这样依次传下去，在230千米的距离内仅用2分钟便可完成一次信息传递。

（10）信号旗

船上使用信号旗通信至今已有400多年的历史。旗号通信的优点是十分简便，即使当今现代通信技术相当发达，信号旗这种简易的通信方式仍被保留下来，成为近程通信的一种重要方式。人们在进行旗号通信时，可以把信号旗单独或组合起来使用，表示不同的意义。通常悬挂单面旗表示最紧急、最重要或最常用的内容。例如，悬挂A字

母旗，表示"我船下面有潜水员，请慢速远离我船"；悬挂O字母旗，表示"有人落水"；悬挂W字母旗，表示"我船需要医疗援助"等等。

（11）旗语

在公元15到16世纪的200年间，舰队司令靠发炮或扬帆作训令，指挥属下的舰只。1777年，英国的美洲舰队司令豪上将印了一本信号手册，成为第一个编写信号书的人。后来海军上将波帕姆爵士用一些旗子作"速记"字母，创立了一套完整的旗语字母。

1817年，英国海军马利埃特上校编出第一本国际承认的信号码。舫海信号旗共有40面，包括26面字母旗，10面数字旗，3面代用旗和1面回答旗。旗的形状各异，有燕尾形、长方形、梯形、三角形等。旗的颜色和图案也各不相同。

中国古代交通史籍

古人给我们留下了大量有关古代交通情况的文字记录，为我们研究古代交通史提供了重要的史料。《山海经》反映了远古的交通状况；《大唐西域记》则为我们讲述唐代中西交通的繁盛；透过《马可·波罗游记》，我们得以了解十分发达的元代交通；《徐霞客游记》和《天下水陆路程》则把明代的交通实况重现到我们眼前。这些交通史籍都是作者们实地考察的结果，其中不仅记录了水路、陆路

天堑变通途

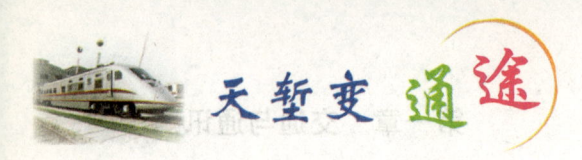

《山海经》

的主要交通干道，还介绍了桥梁、船舶等各方面的具体交通情况。除此以外，作者还对沿途各地的社会生活、民俗风情等进行了详细的描绘。正是因为有了这些珍贵的文字资料，我们才得以在现代继续探寻古代交通发展的足迹。

◆ 《山海经》

《山海经》是中国古代著名的一部奇书，甚至被形容为"怪书"。全书18篇，约31 000字，共藏山经5篇，海外经4篇，海内经5篇，大荒经4篇。《汉书·艺文志》作13篇，未把大荒经和海内经计算在内。全书内容以五藏山经5篇和海外经4篇作为一组，海内经4篇作为一组，而大荒经5篇以及书末海内经1篇又作为一组。每组的组织结构自具首尾，前后贯串，有纲有目。五藏山经的一组，依南、西、北、东、中的方位次序分篇，每篇又分若干节，前一节和后一节之间又用有关联的语句相承接，把篇节间的关系表现得非常清楚。该书按地区不按时间把这些事物一一记录了下来，所记事物大部分由南开始，然后向西，再向北，最后到达大陆（九州）中部。九州四围被东海、西海、南海、北海所包围。古代中国也一直把《山海经》作历史看待，是中国各代史家的必备参考书。

第一章 交通与通讯

《山海经》首次综合概括了黄河和长江流域以外的广大地区的自然环境状况。《山海经》原来有图,叫《山海图经》,今已失传。《山海经》还记载了许多诡异的怪兽以及光怪陆离的神话故事,长期以来一直被认为是一部荒诞不经的书。事实上,《山海经》内容广泛,涉及天文、地理、历史、宗教、民俗、动植物、医药、交通和矿物等多方面知识,是研究上古社会的一部重要文献。其中,《山经》所载的大部分是历代巫师、方士和祠官的踏勘记录,经长期传写编纂,多少会有所夸饰,但仍具有较高的参考价值。

《山海经》说奚仲之子吉光用木头制造了车,为研究车辆的起源提供了线索。书中记载的"夸父追日"神话描述的是,夸父追逐太阳,不停地奔跑,以致焦渴难耐,将黄河、渭水的水喝干后仍不解渴,又欲饮北方大泽之水,最终渴死在路上。如果说神话是历史事实在观念上的曲折反射,那么"夸父追日"的神话可能反映了一次远古部族的迁徙活动,而部落迁徙实际上就是原始时代一种大规模的交通活动。

◆《大唐西域记》

《大唐西域记》,简称《西域记》,为唐代著名高僧唐玄奘口

大唐西域记

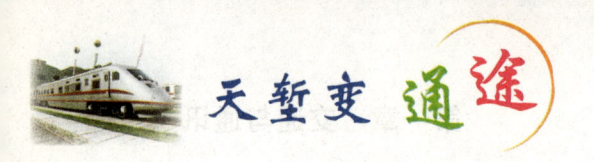

述，门人辩机奉唐太宗之敕令笔受编集而成。公元596至664年，唐代最著名的高僧、旅行家玄奘，为了求取佛教真经，于贞观三年（公元629年）从长安出发，冒险越过国境，历尽千辛万苦到达今天的印度地区。他遍游恒河与印度河流域以及印度东南沿海地区，然后翻越雪山和葱岭，往返跋涉5万余里，花了16年的时间，终于在贞观十九年（公元645年）回到长安。

《大唐西域记》一书共12卷，约10万字，记录了多个国家、地区和城邦的情况，当中玄奘亲自游历过的有110国，由传闻得知的则有28个。《大唐西域记》以行程为经、地理为纬，具体研究了这些国家和地区的地理环境、山川走向、气候物产、城市关防、交通道路、种族人种、风土人情和宗教信仰等，是研究这些国家和地区的古代历史，以及当时中西交通情况的宝贵资料，因此备受各国学者的重视。自19世纪后半叶开始，《大唐西域记》陆续被译成法文、英文和日文，现在对它的研究已成为一门国际性的学问。

◆《马可·波罗游记》

《马可·波罗游记》也称《东方见闻录》，据说由马可·波罗口述、比萨人鲁思梯谦笔录成书。马可·波罗出生于意大利威尼斯的商人家庭，17岁随其父亲、叔父来到中国，得到元世祖忽必烈的信任，留居中国达17年之久，被誉为中西文化交流的先驱者。

《马可·波罗游记》共分四卷，第一卷记载了马可·波罗诸人东游沿途见闻，直至上都止；第二卷记载了蒙古大汗忽必烈及其宫殿、都城、朝廷、政府、节庆、游猎等事以及自大都南行至杭州、福州、泉州及东地沿岸及诸海诸洲

第一章　交通与通讯

等事；第三卷记载日本、越南、东印度、南印度、印度洋沿岸及诸岛屿，非洲东部；第四卷记君临亚洲之成吉思汗后裔诸鞑靼宗王的战争和亚洲北部。每卷分章，每章叙述一地的情况或一件史事，共有229章。书中记述的国家。城市的地名达100多个，这些地方的情况综合起来看，有山川地形、物产、气候、商贾贸易、居民、宗教信仰、风俗习惯等，及至国家的琐闻佚事、朝章国故。

《马可·波罗游记》大大丰富了欧洲人的地理知识，打破了宗教的谬论和传统的"天圆地方"说，同时对15世纪欧洲的航海事业起到了巨大的推动作用。意大利的哥伦布、葡萄牙的达·伽马、鄂本笃，英国的卡勃特、安东尼·詹金森和约翰逊、马丁·罗比歇等众多的航海家、旅行家、探险家读了《马可·波罗游记》以后，纷纷寻访中国，打破了中世纪西方神权统治的禁锢，大大促进了中西交通和文化交流。可以说，马可·波罗

马可波罗

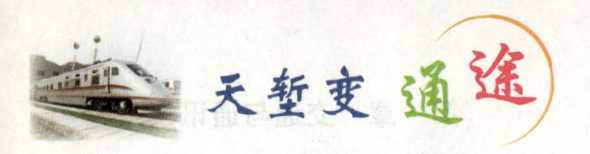

和他的《马可·波罗游记》为欧洲开辟了一个新时代。同时，在《马可·波罗游记》以前，中西交往只停留在以贸易为主的经济联系上，缺乏直接的接触和了解。而欧洲对中国的认识，也一直非常肤浅。《马可·波罗游记》激起了欧洲人对东方世界的好奇心，这又有意或者无意地促进了中西方之间的直接交往。从此，中西方之间直接的政治、经济、文化的交流的新时代开始了。

◆《徐霞客游记》

徐霞客，名弘祖，字振之，霞客为其号，明代南直隶江阴（今江苏省江阴县）人。他自幼好学，博览群书，对历史、地理和探险游记一类的著作尤感兴趣。后来他不满于明末封建统治的腐朽，毅然决定

徐霞客故居花园

第一章 交通与通讯

放弃科举考试，遍游祖国的名山大川。他从22岁开始出游，30多年间足迹遍及今天的北京、天津、上海、江苏和山东等今19个省市自治区，在大半个中国的土地上都留下了足迹。他每天都坚持记录当天的旅游经历、地理考察情况以及自己的心得。

《徐霞客游记》是徐霞客根据自己的亲身游历，以日志的形式撰写而成的游记。他以生动的文字，详细并准确地记录了明朝丰富的自然资源和地理景观，是中国文化宝库中一块闪光的瑰宝。本书内容丰富，涉及徐霞客所到之处的地理、地貌、地质、水文、气候、物产、政区、交通运输以及社会生活等各方面的情况。在交通方面，徐霞客对自己的游踪、方位、路线和里距等都有详尽的记载，对各省间的交通干道也作出了专门介绍。另外，他对马帮（专门运送货物的马队）和船舶等交通工具都有具体的描述，还记录了各式各样的桥梁。因此，这部书具有极高的科学价值，被誉为"千古奇书"。

◆ 《天下水陆路程》

《天下水陆路程》是明代徽商黄汴根据各种程图和路引汇编而成的。在古代，商人为了洽谈生意、购销货物，经常需要乘舟车外出。古代的舟车是完全自主的交通工具，并不像今天的火车、飞机一样有固定的路线和航向，因此商人必须自己把握好路线和方向，一旦走错路，不仅要多受颠沛之苦，而且可能会因延迟抵达目的地而错失商机。黄汴根据各种程图和路引，以及自己多年在外行走的经验编成了这本《天下水陆路程》。

这本书详细记载了南北二京十三布政司的水陆路程、各地道路的起讫分合，以及水陆驿站的名

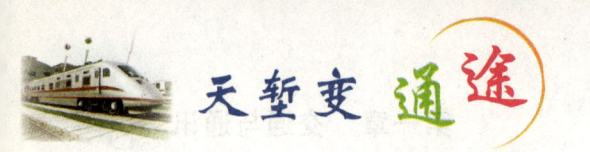

称。其他诸如食宿条件、物产行情、社会治安、行会特点以及船轿价格等交通资料也有记载，该书实际上是一部明代的国内交通指南。

《天下水陆路程》是一本专门的交通书籍，对交通情况的记载十分详备。这本书为后人研究明代交通史提供了完备的第一手资料，具有极高的史料价值。

第二章

火　车

天堑变通途

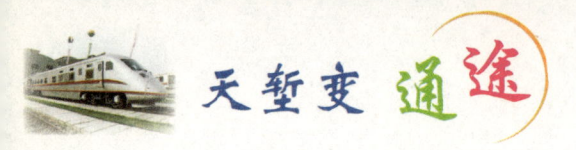

　　火车，人类历史上最重要的机械交通工具，早期称为蒸汽机车，也叫列车，有独立的轨道行驶。铁路列车按载荷物可分为运货的货车和载客的客车，亦有两者一起的客货车。

　　1804年，英国矿山技师德里维斯克利用瓦特的蒸汽机造出了世界上第一台蒸汽机车，时速为5至6千米。这是一台单一汽缸蒸汽机，能牵引5节车厢。当时使用煤炭或木柴做燃料，因此称它"火车"，这个名称也一直沿用至今。世界上第一列真正在轨上行驶的蒸汽火车是由康瓦耳的工程师查理·特里维西克所设计的。1879年，德国西门

火　车

子电气公司研制了第一台电力机车。1894年，德国研制成功了第一台汽油内燃机车，并将它应用于铁路运输，开创了内燃机车的新纪元。1924年，德、美、法等国成功研制了柴油内燃机车，并在世界上得到广泛使用。1941年，瑞士研制成功新型的燃油汽轮机车，以柴油为燃料。20世纪60年代以来，各国都大力发展高速列车。日本、法国、德国是当今世界高速火车技术发展水平最高的三个国家。

　　在这一章里，我们就来介绍一下火车这种交通工具的相关知识。

第二章 火车

中国铁路的发展

从1876年中国开始修建淞沪铁路开始到1981年止，中国铁路的发展经历了两个时期，即清朝和中华民国时期和新中国时期。

◆ 清朝和中华民国时期

1889年，清政府成立中国铁路总公司，向比利时银公司借款兴建北京芦沟桥至汉口的芦汉铁路。这条铁路先由政府拨款修建芦沟桥至保定及汉口至滠口两段。1906年，北京至汉口全线通车。1898年，清政府向英商汇丰银行借款修建关外铁路，即现在的沈阳至山海关铁路。同年，清政府向美国合兴公司借款，修建武昌至广州的粤汉铁路和广州至三水的广三支线。后因合兴公司违反

铁 路

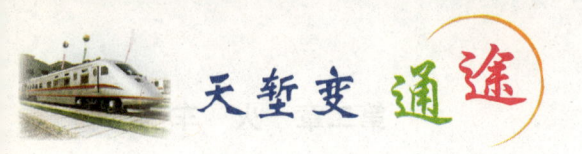

合同规定，清政府于1905年收回筑路权，交由湖北、湖南、广东三省分别建筑。1904年完成广三支线，1911年完成长沙至株洲段，1918年完成武昌至长沙段，1916年完成广州至韶关段。

1903年，清政府颁布《铁路简明章程》，撤销中国铁路总公司，允许组织商办公司修建铁路。从1907年至1921年的15年内，建成了九江至南昌、齐齐哈尔至红旗营、斗山至北街、潮州至汕头、个旧至碧色寨以及漳州至厦门的铁路，但都是较短的次要干线。自北京至张家口的京张铁路是通往西北铁路干线的首段，清政府决定用官款自行建筑。这条铁路在詹天佑主持下，用了四年时间于1909年建成，全长201千米，是我国以自己的技术力量建成的第一条铁路。

辛亥革命后，从1911年至1949年这38年内，中国修建铁路的技术力量有所发展。1913年，日本从中华民国政府手中取得修建满蒙五条铁路的特权，即四洮、开海、长洮三条铁路的借款权及洮承、吉海两条铁路的借款优先权。1918年第一次世界大战结束后，日本开始侵入中国整个东北地区，强占

詹天佑

第二章 火 车

东北铁路。1935年，苏联把中东铁路作价让给伪满政权。此后日本将哈尔滨至长春段以及满洲里至绥芬河段分别于1935年、1936年和1937年改为标准轨距铁路。1921至1930年的10年内，东北地方政府以地方拨款形成修建了沈海、呼海、吉海、齐克、洮索等线及大通支线。

20世纪20至30年代，中国修建铁路有了一定的自主权，有了自己的技术力量，也有了一些统一的技术标准，并开始有了制造机车车辆的能力。

1937至1945年抗日战争时期，中国政府修建的铁路主要有湘桂铁路、滇缅铁路、叙昆铁路、湘黔铁路和陇海铁路的宝鸡至天水段。湘桂铁路原计划从衡阳开始经桂林、柳州、南宁至友谊关。滇缅铁路是从昆明至中缅边境的铁路，采用1000毫米轨距，1940年从昆明至安宁段建成通车，安宁以西则因战争原因停工。叙昆铁路是从昆明至叙府的铁路，也是采用1000毫米轨距，到1941年建成昆明至沾益段后停工。湘黔铁路是从柳州至贵阳的标准轨距铁路，线路横越云贵大山脉，工程

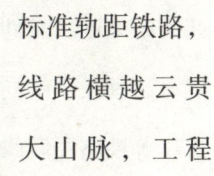

铁路

天堑变通途

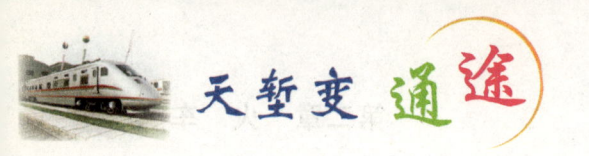

艰巨，1939年开工，1944年从柳州至都匀段建成通车后即停工。陇海铁路宝鸡至天水段于1939年开工，1945年建成通车。

从1876年修建第一条铁路到1945年的70年中，中国大陆共修建铁路25 523千米，到1949年可以通车的铁路为21 989千米。

◆ 新中国时期

1949年中华人民共和国成立，从此中国修建铁路有了统筹的规划和统一的标准。1949年，随着解放战争从北向南推进，受到战争破坏的京包、陇海、京汉、南同蒲、浙赣、南浔及粤汉等铁路先后修复通车，并开展运输业务。1949至1981年，共修建了38条新干线和67条新支线。为了加强既有路线的运输能力，修建双线、扩建枢纽编组站、改善线路的平剖面及轨道结构、建设电气化铁路、设置自动闭塞，以及发展蒸汽、内燃、电力机车和车辆的制造业等方面都取得了重大成就。

在1953至1957年的第一个五年计划期内，先后建成的新干线有：成都至重庆、天水至兰州、来宾至凭祥、丰台至沙城、集宁至二连浩特、兰村至烟台、黎塘至湛江、宝鸡至成都以及鹰潭至厦门等铁路。1958至1962年的第二个五年计划期内，先后建成的新干线有：萧山至穿山、包头至兰州、南平至福州、北京至承德、兰州至西宁等铁路，并重建了柳州至贵阳的铁路。1963至1965年的三年调整时期，先后建成的新干线有：兰州至乌鲁木齐、贵阳至重庆等铁路。1966至1970年第三个五年计划期内修建的新干线有：贵阳至昆明、通辽至让葫芦、成都至昆明等铁路。1971至1975年的第四个五年计划期内修建的新干线有：北京至原平、焦作至枝城、通县至古冶、株洲至贵阳等铁路。

第二章 火车

1976至1980年的第五个五年计划期内修建的新干线有：阳平关至安康、太原至焦作等铁路。1981年又建成北京至通辽、襄樊至重庆等铁路，枝城至柳州以及芜湖至贵溪等铁路亦相继完成。到1981年底止，全国大陆上铁路营业里程是50 181千米，另有地方铁路3725千米。在这些铁路线上共有隧道4493座，长度总计2010千米。

世界火车的发展

◆ 蒸汽机车

从蒸汽机车问世至今已有180年的历史，它的发展主要有两个方面：一方面是牵引力和功率的发展，表现为动轮轴数和辅助轴数的增加，锅炉和汽缸的加大；另一方面是热效率和机械效率的发展，表现为炉床面积和锅炉受热面积的增大，蒸汽压力和温度的提高，废热的利用，蒸汽机的改进，滚动轴承的采用等等。

（1）蒸汽机车的发展阶段

形成时期（1804—1830年）：1804年，英国人特里维西克在瓦特发明蒸汽机后制造了一辆铁路蒸汽机车，锅炉蒸汽压力为0.294兆帕，锅炉内装有一个平放的汽缸。机车有两对动轮，由齿轮传动，轴列式为0-2-0。机车装有一个大飞轮，借助于它的旋转惯性动力，保持汽缸活塞的往复运动。机车重4.5吨，时速8千米，能牵引10吨货物，5节车，可乘70名旅客。

1814年7月，英国发明家斯蒂

天堑变通途

蒸汽机车

芬森造出首台成功的机车。后来主要由G.斯蒂芬森之子R.斯蒂芬森设计建造的"火箭"号蒸汽机车运行可靠、速度快。"火箭"号机车采用卧式多烟管锅炉,传热面积大,生成蒸汽快,锅胴与火箱拼接在一起,锅炉蒸汽压力为0.345兆帕;有两个与水平线成35°角斜装于锅炉两后侧的汽缸;有一对装于机车前部的动轮,动轮车轴左右各装一曲拐,互成直角,使机车动轮曲拐停在任何位置均能起动,轴列式为0-1-1。乏汽从烟筒喷出,以诱导通风,促进燃烧。"火箭"号重4吨,能牵引装载重量三倍于机车自重的车厢。这是第一辆初具现代蒸汽机车基本构造特征的蒸汽机车。1830年,R.斯蒂芬森又造出"行星"号机

第二章 火 车

车；将卧式锅炉的内外火箱和烟箱制成一整体，这种形式的锅炉后称为机车式锅炉。"行星"号机车的两个汽缸装于锅炉前端的烟箱下部车架内侧水平位置，称为内汽缸式机车，只有一对动轮，装在后部，轴列式为1-1-0。蒸汽机车的基本构造形式除广泛采用外汽缸式（汽缸装于车架前端两外侧）外，迄今无多大变化。

发展时期（1831—1920年）：1830年以后，美国以及其他一些国家先后开始制造蒸汽机车。这个时期机车动轮由二对或三对发展至四、五、六对。最早使用二轴引导转向架的是美国于1832年制造的2-1-0式"乔纳森兄弟"号机车。大型机车还在动轮后面装有较小的从轮，机车借助从轮可装载一个较宽大、较重的火箱。

1884年，瑞士人A.马利特发明

斯蒂芬森

关节式机车，牵引力大，并能顺利通过曲线。1888年建成第一台。最大的关节式机车是2-4+4-2式"大人物"号，重量为543吨，锅炉压力为2.068兆帕；在时速120千米条件下，发挥出的功率可达6000马力以上。1875—1900年，人们广泛地应用蒸汽两次膨胀原理，创造了复胀式机车，提高了机车热效率。

1900—1920年，由于采用了蒸汽过

天堑变通途

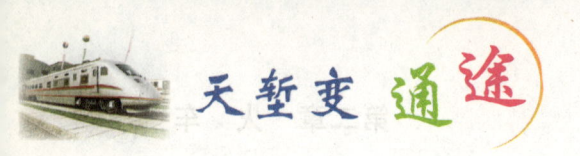

热和给水加热等装置，机车的热效率、牵引力和功率又有很大提高。

探求新设计时期（1920年以后）：这一时期，蒸汽机车的性能得到进一步改善。20~30年代，机车的锅炉压力由1.373兆帕提高到2.000~2.069兆帕，试验性高压机车的锅炉压力甚至高达9.807兆帕以上。高压机车采用水管式锅炉，虽然热效率较高，但构造复杂，重量大，造价高，维护困难，维修费高，而且极易发生故障，运用可靠性差，因而未能正式投入运用。40~50年代，有些国家进一步提高了过热蒸汽温度，如苏联JIB和2-4-2型机车最高温度达430℃~440℃。奥地利人G.吉士林根创造的高效率矩形通风装置（扇烟筒），已为20多个国家和地区所采用，利用废气热来加热给水的混合式给水加热器也已得到广泛应用。中国的前进型、建设型和人民

蒸汽机车

第二章　火　车

锅　炉

型蒸汽机车都安装了这种设备。为了提高机车热效率，目前人们仍在继续研制凝汽式蒸汽机车。近年来还有人提出了蒸汽机车使用沸腾炉床、燃用煤气等建议，希望使蒸汽机车的热效率达到10%以上。

第二次世界大战以后，蒸汽机车由于热效率低，大部分已被热效率高的柴油机车和电力机车所代替。蒸汽机车在美国、西欧国家、日本和苏联等国已于1960至1977年期间相继停止使用。但在印度和一些不发达国家，蒸汽机车仍占铁路机车一半以上。而在中国，蒸汽机车还是铁路主要的牵引动力。

（2）蒸汽机车的工作原理

蒸汽机靠蒸汽的膨胀作用来作功，蒸汽机车的工作原理也是如此。当司炉把煤填入炉膛后，煤在燃烧过程中，它蕴藏的化学能就转换成热能，把机车锅炉中的水加热、汽化，形成400℃以上的过

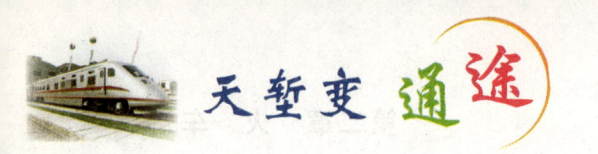

热蒸汽；蒸汽进入蒸汽机膨胀作功，推动汽机活塞往复运动；活塞通过连杆、摇杆，将往复直线运动变为轮转圆周运动，带动机车动轮旋转，从而牵引列车前进。由此可见，蒸汽机车具备锅炉、汽机和走行三个基本部分。

锅炉是燃料（一般是煤）燃烧将水加热使之蒸发为蒸汽，并贮存蒸汽的设备。它由火箱、锅胴和烟箱所组成。火箱位于锅炉的后部，是煤燃烧的地方，而内外火箱之间是容纳水和高压蒸汽的地方。锅炉的中间部分是锅胴，内部横装大大小小的烟管，烟管外面贮存锅水。这样，烟管既能排出火箱内的燃气，又能增加加热面积。燃气在烟管通过时，将热传给锅水或蒸汽，提高了锅炉的蒸发率。锅炉的前部是烟箱，它利用通风装置将燃气排出，并使空气由炉床下部进入火箱，达到诱导通风的目的。锅炉还安装有汽表、水表、安全阀、注水器等附属装置。

汽机是将蒸汽的热能转变为机械能的设备，由汽室、汽缸、传动机构和配汽机构所组成。汽室与汽缸是两个相叠的圆筒，在机车的前端两侧各有一组。上部的汽室与下部的汽缸组合，通过进汽、排汽推动活塞往复运动。配汽机构使汽阀按一定的规律进汽和排汽。传动机构则通过活塞杆、十字头、摇杆、连杆等，把活塞的往复运动变成动轮的圆周运动。

走行包括轮对、轴箱和弹簧装置等部件。轮对分导轮、动轮、从轮三种。安装在机车前转向架上的小轮对叫导向轮对，机车前进时，它在前面引导，使机车顺利通过曲线。机车中部能产生牵引力的大轮对叫动轮。机车后转向架上的小轮对叫从轮，除了担负一部分重量

第二章 火车

外,当机车倒行时还能起导轮作用。轴箱和车辆的滑动轴承轴箱类似,主要起润滑作用,防止车轴在高速运行时过热。弹簧装置的作用主要是缓和运行时的振动,减轻车轮对线路的冲击,另外还能把车架上部的重量平均分配给各个轮对。

除了这三大部分外,蒸汽机车还有将这三部分组成整体的车架,以及用来供应机车用煤用水的煤水车等。

◆电力机车

电力机车是指从外界撷取电力作为能源驱动的铁路机车,电源包括架空电缆、第三轨、电池等。它具有功率大、过载能力强、牵引力大、速度快、整备作业时间短、维修量少、运营费用低、便于实现多机牵引、能采用再生制动以及节约

煤水车

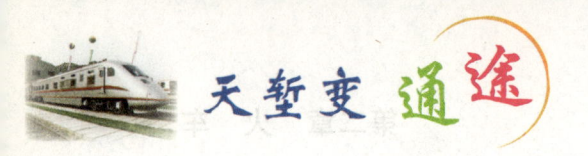

能量等优点。使用电力机车牵引车列，可以提高列车运行速度和承载重量，从而大幅度地提高铁路的运输能力和通过能力。可是，由于电气化铁路基本建设投资大，电力机车的应用并不如柴油机车和蒸汽机车广泛。

电力机车主要由机械、电气和空气管路系统三个部分组成。

（1）机械部分

机械部分包括走行部和车体。走行部是承受车辆自重和载重在钢轨上行走的部件，由2轴或3轴转向架以及安装在其上的弹簧悬挂装置、基础制动装置、轮对和轴箱、齿轮传动装置和牵引电动机悬挂装置组成。车体用来安放各种设备，同时也是乘务人员的工作场所，由底架、司机室、台架、侧墙和车顶等部分组成。车体和设备的重量通过车体支承装置传递到转向架上，车体支承装置并起传递牵引力与制动力的作用。

（2）电气部分

电力机车

第二章 火 车

电气部分是指机车上的各种电气设备及其连接导线。包括主电路、辅助电路、控制电路以及它们的保护系统。主电路是电力机车的最重要组成部分，它决定机车的基本性能，由牵引电动机以及与之相连接的电气设备和导线共同组成。主电路是电力机车上的高电压大电流的动力回路，它将接触网上的电能转变成列车牵引所需的牵引动力。辅助电路是供电给电力机车上的各种辅助电机的电气回路。辅助电机驱动多种辅助机械设备，如冷却牵引电动机和制动电阻用的通风机，供给各种气动器械所需压缩空气的压缩机等。控制电路是由司机控制器和控制电器的传动线圈和联锁触头等组成的低压小功率电路。控制电路的作用是使机车主电路和辅助电路中的各种电器按照一定的程序动作，这样电力机车即可按照司机的意图运行。保护系统就是保证上述各种电路的设施。

（3）空气管路系统

按用途，空气管路系统可分为三类：一是供给机车和车辆制动所需压缩空气的空气制动气路系统。二是供给机车电气设备所需压缩空气的控制气路系统。三是供给机车撒砂装置、风嗽叭和刮雨器等辅助装置所需压缩空气的辅助气路系统。

按使用场合，电力机车可分为工矿电力机车和干线电力机车两类。工矿电力机车多采用直流制，功率和速度一般比干线电力机车小，习惯上按机车的粘着重量分级。干线电力机车按用途可分为客运电力机车，货运电力机车，客货两用电力机车和调车电力机车四种。

除此之外，按照电气化铁路采用的电流制来分，干线电力机车又可分为直流电力机车和交流电力机

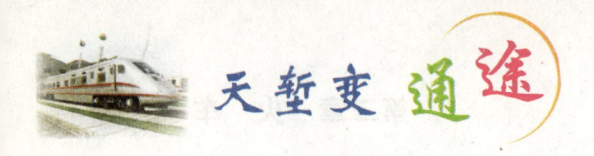

电力机车

车两类。

直流电力机车：装有直流串励牵引电动机的机车，接触网电压为1500伏或3000伏直流电压。直流电力机车的起动和速度调节以往是借助于调节起动电阻和牵引电动机的串联－并联转换来完成的。但这种起动和调速方式不能做到连续平滑地调节速度，而且电能耗损大，线路转换复杂。因而随着直流斩波技术的发展，这种起动和调速方式逐渐为新的脉冲调压方式所代替。

交流电力机车：接触网电压20千伏或25千伏，单相工频为50或60赫。交流电力机车根据变流装置和牵引电动机类型来分，主要有以下三种类型：

整流器电力机车：又称单相－

第二章 火车

直流电力机车，是当前应用最广的一种交流电力机车。一般采用脉流串励电动机作为牵引电动机。这种电力机车有变压器和整流装置，因此采用改变变压器副边电压或对整流装置实行相位控制的办法均可改变整流电压，从而达到调节机车速度的目的。

单相整流子电动机电力机车：又称直接式交流电力机车，采用单相整流子牵引电动机。接触网上的高压交流电经过变压器降低电压后，就直接供电给牵引电动机。这种机车电气设备简单，但单相整流子电动机的换相条件会随交流电频率的增高而恶化，因此多用于单相低频交流制的电气化铁路上。

交-直-交流电力机车：有时又称为单相-三相电力机车。在这种机车上，接触网上的高压交流

韶山电力机车

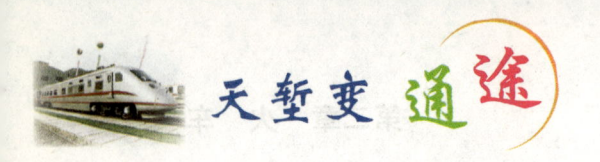

电首先通过牵引变压器降压、整流，使中间直流环节保持稳定的直流电压或稳定的直流电流。然后再由逆变电路将中间直流电变换为三相交流电供给三相异步牵引电动机或三相同步牵引电动机。

电力机车是从接触网上获取电能的，接触网供给电力机车的电流有直流和交流两种。由于电流制不同，所用的电力机车也不一样，基本上可以分为直—直流电力机车、交—直流电力机车、交—直—交流电力机车三类。

直—直流电力机车：采用直流制供电，牵引变电所内设有整流装置，它将三相交流电变成直流电后，再送到接触网上。直流制的缺点是接触网的电压低，接触导线要求很粗，要消耗大量的有色金属，加大了建设投资。

交—直流电力机车：在交流制中，接触网电压比直流制时提高了很多，接触导线的直径可以相对减小，减少了有色金属的消耗和建设投资。因此，工频交流制得到了广泛采用，世界上绝大多数电力机车也都是交—直流电力机车。

交—直—交电力机车：交—直—交电力机车从接触网上引入的仍然是单相交流电，它首先把单相交流电整流成直流电，然后再把直流电逆变成可以使频率变化的三相交流电供三相异步电动机使用。这种机车具有优良的牵引能力，很有发展前途。

我国对电力机车的使用很重视，除了建成宝成路电气化线路外，又修建了多条电气化线路，大大提高了机车的运载量。与此同时，我国还研制成了"韶山"型电力机车，也已投入使用。电力机车除了在铁路和城市地面交通（即有轨电车）使用外，还多用于城市中的地铁，如我国北京地铁用的电力

第二章 火车

机车等。目前，有的国家已制成了具有万匹马力的电力机车，使火车的速度超过了每小时200千米；还有的在研制14000马力的大功率电力机车，将会使火车的速度得到进一步提高。如此看来，电力机车一定会有美好的发展前景。

交通知识小百科

第一条铁路的出现——京张铁路

京张铁路全长201.2千米，是中国自北京丰台，经居庸关、沙城、宣化至张家口的铁路，现为北京至包头铁路线的首段。1905年9月开工修建，1909年8月建成通车。这条铁路工程艰巨，如南口经居庸关、八达岭至康庄段地形复杂，为了穿越燕山山脉军都山的陡山大沟，就在这22千米线路区段内采用了3.3%的坡道和"之字线"线路，并开凿隧道4座，其

京张铁路

天堑变通途

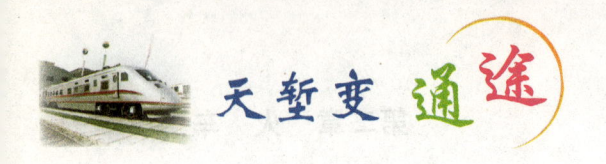

中八达岭隧道长达1091米。

京张铁路全程分为三段，第一段为丰台至南口段，于1906年9月30日全部通车。第二段为南口至青龙桥关沟段，关沟段穿越军都山，最大坡度为33‰，曲线半径182.5米，长1644米，有4座隧道，采用"之"字形铁路，工程非常艰巨。第三段的工程难度仅次于关沟段，首先遇到的是怀来大桥，这是京张路上最长的一座桥，它由七根一百英尺长的钢梁架设而成。由于詹天佑正确地指挥，及时建成。1909年4月2日火车通到下花园。下花园到鸡鸣驿矿区岔道一段虽不长，但工程极难。右临羊河，左傍石山，山上要开一条六丈深的通道，山下要垫高七华里长的河床。于是詹天佑便以山上开道之石来垫山下河床。为防山洪冲击路基，又用水泥砖加以保护，胜利完成了第三段工段。

◆ 内燃机车

内燃机车是以内燃机作为原动力，通过传动装置驱动车轮的机车。主要由柴油机、传动装置、辅助装置、车体走行部（包括车架、车体、转向架等）、制动装置和控制设备等组成。

1924年，苏联制成一台电力传动内燃机车，并交付铁路使用。同年，德国用柴油机和空压缩机配接，利用柴油机排气余热加热压缩空气代替蒸汽，将蒸汽机车改装成为空气传动内燃机车。20世纪30年代，内燃机车进入试用阶段，直流电力传动液力变扭器等广泛采用，并开始在内燃机车上采用液力耦合器和液力变扭器等热力传动装置的元件，但内燃机车仍以调车机车为主。

第二次世界大战以后，柴油机的性能和制造技术迅速提高，因此

第二章 火车

内燃机车

内燃机车多数配装了废气涡轮增压系统，功率比战前提高约50%，配置直流电力传动装置和液力传动装置的内燃机车的发展加快了。20世纪50年代，内燃机车数量急骤增长。60年代，大功率硅整流器研制成功，并应用于机车制进，出现了交-直流电力传动的2940千瓦内燃机车。在70年代，单柴油机内燃机车功率已达到4410千瓦。随着电子技术的发展，1971年，联邦德国试制出1840千瓦的交-直-交电力传动内燃机车，从而为内燃机车和电力机车的技术发展提供了新的途径。

1958年，中国开始制造内燃机车，先后有东风型等3种型号机车最早投入批量生产。1969年后相继批量生产了东风4等15种新机型，同第一代内燃机车相比较，新型机车在功率、结构、柴油机热效率和传动装

天堑变通途

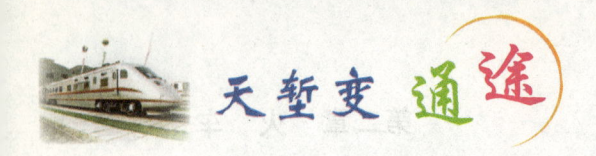

东风8b型内燃机车

置效率上，都有显著提高，而且还分别增设了电阻制或液力制动和液力换向、机车各系统保护和故障诊断显示、微机控制的功能，并且采用了承载式车体、静液压驱动等一系列新技术，机车可靠性和使用寿命、性能等方面都有了很大提高。

在生产内燃机车的同时，中国还先后从罗马尼亚、法国、美国、德国等国家进口了不同数量的内燃机车，随着铁路高速化和重载化进程的加快，中国还正在进一步研究设计、开发与之相适应的内燃机车。

根据机车上内燃机的种类，内燃机车可分为柴油机车和燃气轮机车。由于燃气轮机车的效率低于柴油机车，再加上燃气轮机车使用耐高温材料成本高、噪声大等原因，所以其发展落后于柴油机车。在中国，内燃机车的概念习惯上指的就是柴油机。按用途来分，内燃机车可分为客运、货运、调车内燃机

第二章 火 车

车。接走行部形式来分，内燃机车可分为车架式和转向架式内燃车。按传动方式来分，内燃机车可分为机械传动、液力传动、电力传动内燃机车。现代机车多采用电力和液力传动。电力传动又可分为直流电力传动和交–直流电力传动和交–直–交电力传动内燃机车。

◆ 高速火车

高速火车的实际应用发源于日本。1959年，日本国铁开始建造东京至大阪的高速铁路，并在1964年开通，全长515千米，火车时刻表时速210公里，称为东海新干线。随后向西延伸，于1975年开通至冈山，1975年开通至终点站博多，大阪至博多称为山阳新干线，全长1069千米。1982年，大宫至盛冈间465千米的东北新干线开通，同年11月，大宫至新潟间的上越新干线也开通运营。

法国高速火车

天堑变通途

在法国，从1950年开始对高速火车进行技术研究，1955年研制的样车试车，就创造了当时的世界最高记录。但是，法国高速火车实际运营开始于1967年，稍晚于日本。但法国国铁不断改进，使高速火车的速度不断创新，1981年，一列由七节车厢组成的高速火车列车创下了火车时刻表时速380千米的新记录。1990年，第二代高速火车列车又以515.3千米的火车时刻表时速刷新了世界记录，冲破了被称为极限的375千米火车时刻表时速，使高速火车成为法国人日常生活不可缺少的一部分。目前，法国高速火车线路分为四部分：巴黎东南线，由巴黎至里昂运行3小时50分，火车时刻表时速260千米；大西洋线，由巴黎通往大西洋岸，火车时刻表时速300千米；北方线，从巴黎出发，穿越英伦海峡进入英国；另有支线到布鲁塞尔，并延伸至阿姆斯特丹、科伦、法兰克福；东线，由巴黎到斯特拉斯堡。

在德国，高速火车称为ICE（Inter City Express）。1979年，德国试制成第一辆ICE机车。1982年，德国高速火车计划开始实施。1985年，ICE的前身InterCityExperimiental首次试车，以317千米火车时刻表时速打破德国火车150年来的记录，1988年创造了火车时刻表时速406.9千米的记录。1990年，一台机车加13辆车厢的ICE列车开始在Wurzburg—Fulda高速火车试运行，火车时刻表时速为310千米。1992年，德国火车以29亿马克购买了60列ICE列车，其中41列运行于第六号高速火车，分别连接汉堡、法兰克福、斯图加特，运行火车时刻表时速200千米。目前，德国已建成高速火车1000多千米，到2000年，德国计划建成11条高速火车。

第二章 火车

磁悬浮列车

◆磁悬浮列车

磁浮列车是在列车的底部装有用一般材料或超导体材料（在一定温度下这种导体的电阻接近于零）绕制的线圈，而在轨道上安装环形线圈。根据法拉第的电磁感应定律，当列车底部的线圈通入电流产生的磁力线被轨道环形线圈所切割，就在环形线圈内产生感应磁场，它与列车底部超导线圈产生的磁场同性相斥，就使列车悬浮起来。由于悬浮列车克服了轮子和轨道的摩擦阻力，因而可使列车的速度达到或超过每小时300千米。

磁浮火车是在20世纪60年代开始研制的。世界上第一条实用性的

天堑变通途

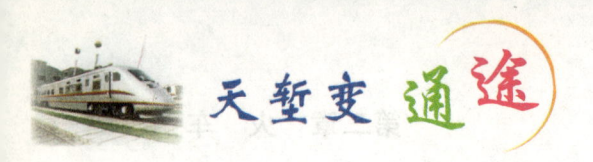

磁浮铁路建在原联邦德国汉堡市展览馆至展览广场之间，全长908米，轨道为高架桥式。磁浮列车长26.24米，可载客68人。它可浮离轨面10毫米运行，最高时速为75千米。

磁悬浮列车利用"同名磁极相斥，异名磁极相吸"的原理，让磁铁具有抗拒地心引力的能力，使车体完全脱离轨道，悬浮在距离轨道约1厘米处，腾空行驶，创造了近乎"零高度"空间飞行的奇迹。

由于磁铁有同性相斥和异性相吸两种形式，因此磁悬浮列车也有两种相应的形式：一种是利用磁铁同性相斥原理而设计的电磁运行系统的磁悬浮列车，它利用车上超导体电磁铁形成的磁场与轨道上线圈形成的磁场之间所产生的相斥力，使车体悬浮运行的铁路；另一种则是利用磁铁异性相吸原理而设计的电动力运行系统的磁悬浮列车，它是在车体底部及两侧倒转向上的顶

磁悬浮列车

第二章 火 车

部安装磁铁，在T形导轨的上方和伸臂部分下方分别设反作用板和感应钢板，控制电磁铁的电流，使电磁铁和导轨间保持10~15毫米的间隙，并使导轨钢板的排斥力与车辆的重力平衡，从而使车体悬浮于车道的导轨面上运行。

通俗来讲，位于轨道两侧的线圈里流动的交流电，能将线圈变为电磁体。由于它与列车上的超导电磁体的相互作用，就使列车开动起来。列车前进是因为列车头部的电磁体（N极）被安装在靠前一点的轨道上的电磁体（S极）所吸引，并且同时又被安装在轨道上稍后一点的电磁体（N极）所排斥。当列车前进时，在线圈里流动的电流流向就反转过来了。其结果就是原来那个S极线圈，现在变为N极线圈了，反之亦然。这样，列车由于电磁极性的转换而得以持续向前奔驰。

磁悬浮列车采用电力驱动，其发展不受能源结构，特别是燃油供应的限制，不排放有害气体。专家介绍，磁悬浮线路的造价只是普通路轨的85%，而且运行时间越长，效益会更明显。因为，磁悬浮列车的路轨寿命可达80年，而普通路轨只有60年。磁悬浮列车车辆的寿命是35年，轮轨列车是20~25年。此外，磁悬浮列车的年运行维修费仅为总投资的1.2%，而轮轨列车高达4.4%。磁悬浮高速列车的运行和维修成本约是轮轨高速列车的1/4。

磁悬浮有一大缺点，它的车厢不能变轨，不像轨道列车可以从一条铁轨借助道岔进入另一铁轨。这样一来，如果是两条轨道双向通行，一条轨道上的列车只能从一个终点驶向对方终点，到达对方终点后，原路返回。而不像轨道列车可以换轨到另一轨道返回。因此，一条轨道只能容纳一列列车往返运

天堑变通途

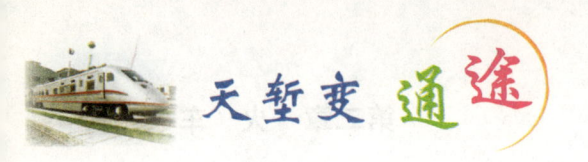

行，造成浪费。磁悬浮轨道越长，使用效率越低。

◆ 地　铁

地下铁道，简称地铁或地下铁，狭义上专指在地下运行为主的城市铁路系统或捷运系统；广义上，则是指由于许多此类的系统为了配合修筑的环境，可能也会有地面化的路段存在，因此通常涵盖了都会地区各种地下与地面上的高密度交通运输系统。

作为一种现代交通工具，地铁自身有着一定的优点和缺点。它的优点主要体现在节省土地、减少噪音、减少干扰、节约能源等四个方面。缺点主要体现在以下几个方面：一是建造成本高。由于要钻挖地底，地下建造成本比建于地面高；二是建设周期长。同样由于要

地　铁

第二章 火车

巴黎地铁

挖地道，铺设铁轨、设备等，以及各种调试工作。地铁从开始动工到投入运营需要很长的时间；三是前期时间长。建设地铁的前期时间较长，由于需要规划和政府审批，甚至还需要试验。从开始酝酿到付诸行动再到破土动工需要非常长的时间，短则几年，长则十几年也是有可能的。

世界上首条地下铁路系统是在1863年开通的伦敦大都会铁路，是为了解决当时伦敦的交通堵塞问题而建。当时电力尚未普及，所以即使是地下铁路也只能用蒸汽机车。由于机车释放出的废气对人体有害，所以当时的隧道每隔一段距离便要有和地面打通的通风槽。到了1870年，伦敦开办了第一条客运的钻挖式地铁，在伦敦塔附近越过泰晤士河。但这条铁路并不算成功，在数月后便关闭。现存最早的钻挖式地下铁路则在1890年开通，位

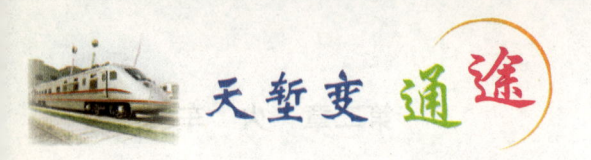

于伦敦，连接市中心与南部地区。最初铁路的建造者计划使用类似缆车的推动方法，但最后用了电力机车，使其成为第一条电动地下铁。早期在伦敦市内开通的地下铁亦于1905年全数电气化。

法国巴黎的巴黎地铁在1900年开通，最初的法文名字"Chemin de Fer Métropolitain"（法文直译意指"大都会铁路"）是从"Metropolitan Railway"直接译过去的，后来缩短成"métro"，所以现在很多城市轨道系统都称metro。

交通知识小百科

地铁和轻轨的区别

　　城市轨道交通分为地铁和轻轨两种制式，地铁和轻轨都可以建在地下、地面或高架上。为了增强轨道的稳定性，减少养护和维修的工作量，增大回流断面和减少杂散电流，地铁和轻轨都选用轨距为1435毫米的国际标准双轨作为列车轨道，与国铁列车选用的轨道规格相同，并没有所谓的钢轨重量轻重之分。

　　划分地铁和轻轨区别的依据是所选用列车的规格。按照国际标准，城市轨道交通列车可分为A、B、C三种型号，分别对应3米、2.8米、2.6米的列车宽度。凡是选用A型或B型列车的轨道交通线路称为地铁，采用

第二章 火 车

轻轨

5~8节编组列车；选用C型列车的轨道交通线路称为轻轨，采用2~4节编组列车，列车的车型和编组决定了车轴重量和站台长度。A型车是目前最高端的城市轨道交通列车。其特点是车体宽和编组大，A型车宽度为3米，上海轨道交通10号线采用的阿尔斯通地铁列车宽度达到3.2米；6节编组A型地铁列车最大载客量为2460人，上海轨道交通1、2号线的阿尔斯通和西门子8节编组A型地铁列车最大载客量达到3280人。B型车和C型车的造价和技术含量要小于A型车。在我国的规范中是指，轴重相对较轻，单方向输送能力在1~3万人次的轨道交通系统，称为轻轨；每小时客运量3~8万人次的轨道交通系统，称为地铁。

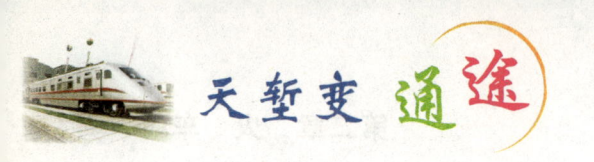

中国火车的发展

清朝末年,中国就有了铁路。然而,当时的清政府自诩为天朝上国,腐败、保守,而且极为专制,不肯接受新生事物。他们认为修建铁路、应用蒸汽机车是"奇技淫巧",甚至认为修铁路会妨碍风水,因而对修建铁路一事顽固地拒绝。

1876年7月3日,英、美两国背着清政府,擅自在中国的土地上修建了中国第一条营业性铁路——上海吴淞铁路,并建成通车。清政府在得知此事后,出银28.5万两,分3次交款赎回这条铁路并将其拆除。

1879年,洋务派首领李鸿章为了将唐山开平煤矿的煤炭运往天津,向朝廷奏请修建唐山至北塘的

吴淞铁路

第二章 火 车

铁路。可是，清政府认为铁路机车会损害庄稼、惊动陵寝，仅同意修建唐山至胥各庄一段铁路，为避免机车震动寝陵，清政府决定用骡马牵引车辆。可是，用骡马牵引车辆根本不能发挥出铁路应有的效用。因此，在1881年唐胥铁路通车时，中国工人凭借时任工程师的英国人金达的几份设计图纸，采用矿场起重锅炉和竖井架的槽铁等旧材料，试制成功了一台0-3-0型的蒸汽机车。据说，这是中国历史上制造的第一台机车。之所以用据说这个词，是因为关于中国第一台机车的制造还有另外一种说法。这种说法认为中国第一辆火车是当时任唐胥铁路总工程师的英人薄内的夫人仿照乔治·斯蒂文森制造的英国著名的蒸汽机车"火箭号"而造成的，并将其命名为"中国火箭号"。可是，从遗留下来的这台机车的图片中，

李鸿章

我们发现这台机车设计规范、制造精良，根本不可能是由废旧料制造而成。因此，直到今天，中国制造的第一台机车之谜依然扑朔迷离。

自1881年唐胥铁路的建成到1911年清政府垮台这30多年是中国铁路的首创阶段，在此期间，由于洋务派和国内有志之士的不断建议和提倡，清政府改变了修建铁路

77

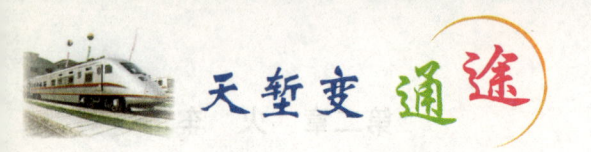

损害庄稼、影响风水的认识，而且接受战争失败的教训，又进而从加强海防上认识到"铁路开通可为军事上之补救"，终于确定兴建铁路的方针，建立铁路公司，开始有筹划地修建铁路。在这30年间，中国的18个省市修筑了铁路计9137.2千米。这些铁路有的是官办，有的是商办，有的是官商合办，还有一些是中外合办，或者是外国人修建。

1928年开始，南京国民党政府开始掌握政权，在其长达20余年的统治中，制订了大规模发展铁路的计划，甚至还一度设立铁道部统管全国铁路事业，但是建成的铁路却很少。全国铁路缺干少支的状况，一直没有得到改变。到1949年，中国可统计的机车有4069台，分别出自9个国家的30多家工厂，机车型号多达198种，时人称中国是"万国机车博物馆"。

1949年中华人民共和国成立后，随着铁路运输事业的迅速发展，对机车的需要日益增加，自行制造机车已经到了刻不容缓的地步。由于当时的铁路牵引动力还是蒸汽机车，机车的制造即从蒸汽机车起步，沿着仿制旧型、改造旧型、进而自行设计新型机车的道路，循序渐进。

1952年7月，四方机车车辆工厂制造出新中国第一台蒸汽机车定名为解放型，代号JF；1956年四方机车车辆工厂试制出第一台胜利型客运蒸汽机车，代号SL；1956年，大连机车车辆工厂在解放型机车的基础上，又进行现代化改造，设计了建设型干线货运蒸汽机车，代号JF；该机车性能有了较大地提高，达到较先进的水平；1957年，大连机车车辆工厂对胜利型机车进行现代化改造，设计了人民型蒸汽机车，代号RM；1956年9月，中国自

第二章 火 车

解放型蒸汽机车

己设计的第一台蒸汽机车终于试制成功,当时定名为和平型,"文化大革命"期间又改为反帝型,后再改为前进型,代号QJ;1957年,大连机车车辆工厂设计了工建型工矿及调车用蒸汽机车,代号GJ;1958年,济南机车厂设计并制造了跃进型调车用蒸汽机车,代号YJ。1960年,唐山机车车辆工厂设计并试制出第一台上游型工矿用蒸汽机车,代号SY;由于性能良好,经济适用,结构可靠,受到普遍欢迎;1960年,由大同机车工厂设计,长春机车工厂试制成功了星火型地方铁路用蒸汽机车,代号XH。

随着对机车运力需要的不断增大,蒸汽机车已不能满足我国因经济蓬勃发展而导致的对运力的需求。内燃机车的发展提上日程。

中国第一台自己制造的内燃机车是1958年大连机车车辆工厂仿照前苏联T33型电传动内燃机车试制

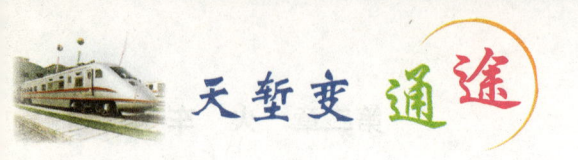

成功的，它就是"巨龙"号电传动内燃机车，后经过改进设计定型，命名为东风型。东风系列是中国内燃机车的主力，保有量占国产内燃机车总数的一半以上。主要型号有东风、东风2、东风3、东风4、东风5、东风6、东风7、东风8、东风9、东风10、东风11等。1958年，四方机车车辆工厂也开始着手设计，并与1959年试制成功中国第一台液力传动内燃机车，当时命名为"卫星"号，代号NY1。后经过长期试验和多次改进，定型为东方红型。东方红型内燃机车的型号较多，有东方红1型、东方红2型、东方红3型、东方红4型、东方红5型、东方红6型、东方红7型、东方红21型等。

韶山1型电力机车

第二章 火 车

1968年，经过10年对6Y1型1的研究改进，在中国半导体工业发展的条件下，将引燃管整流改为大功率半导体整流，试制出韶山1型，代号SS1。1978年，株洲电力机车工厂设计试制的大功率电力机车韶山3型客货两用干线电力机车，代号SS3。

通常来说，我们看到的电力机车和内燃机车，其动力装置都集中安装在机车上，在机车后面挂着许多没有动力装置的客车车厢。如果把动力装置分散安装在每节车厢上，使其既具有牵引动力，又可以载客，这样的客车车辆便叫做动车。而动车组就是几节自带动力的车辆加几节不带动力的车辆编成一组，就是动车组。动车组是城际和市郊铁路实现小编组、大密度的高效运输工具，以其编组灵活、方便、快捷、安全、可靠、舒适为特点备受世界各国铁路运输和城市轨道交通运输的青睐。

从20世纪下半叶开始，欧美、日本等国开始大规模研制并运用动车组。我国也于20世纪90年代开始研制动车组。中国首列DMU型双层内燃动车组是一种理想的中、短途轨道运输工具。唐山机车车辆厂于1998年自行开发研制成功，并于当年6月在南昌至九江间投入运行。而中国首列液力传动内燃动车组，1998年底由四方机车车辆厂研制，并于1999年2月在南昌至九江和南昌至赣州间投入运行。

2001年3月1日，中国乃至世界上第一条高速磁悬浮铁路商业运行线——上海磁悬浮列车示范线开工建设。2002年3月，这条磁悬浮列车示范线下部结构工程竣工。磁悬浮列车用电磁力将列车浮起而取消轮轨，采用长定子同步直流电机将电供至地面线圈，驱动列车高速行驶，从而取消了受电弓。磁悬

天堑变通途

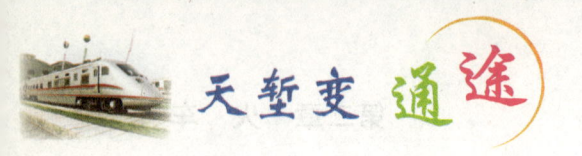

上海磁悬浮列车

列车主要依靠电磁力来实现传统铁路中的支承、导向、牵引和制动功能。列车在运行过程中，与轨道保持一厘米左右距离，不仅避免了与轨道的直接接触，而且也大大提高了其行驶速度。

第三章

汽车

天堑变通途

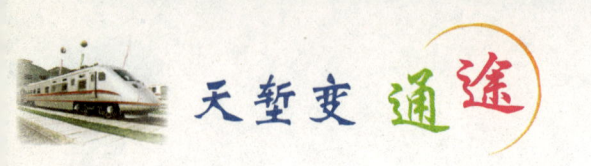

  汽车是指有自身装备的动力装置驱动车辆，一般具有四个或四个以上车轮，不依靠轨道或架线而在陆地上行驶。汽车通常被用作载运人员或货物、牵引载运人员或货物，也有为完成特定运输任务或作业任务而将汽车改装或经装配了专用设备成为专用车辆的。但是，有些进行特种作业的轮式机械以及农田作业用的轮式拖拉机等不属于汽车的范畴，在我国它们分别被列入工程机械和农用机械之中。按照最新标准，汽车主要分为乘用车和商用车两种。

  1886年，德国工程师戴姆勒打造了世界上第一辆公认的以内燃机为动力的四轮汽车。汽车这种交通工具在为人民提供交通便利的同时，也对环境造成了严重的污染。近年来，呼吸道疾病、癌症、头痛等发病率迅速增加，都与环境恶化有一定的关系。随着汽车使用的频繁增加，汽车排放的尾气已成为城市大气污染的重要因素，越来越引起人们的广泛关注。

  在这一章里，我们就来一起谈一下汽车的相关知识。比如汽车的相关概念、汽车的发展历程、汽车的主要品牌、汽车的污染等问题。

第三章 汽 车

汽车的相关概念

关于汽车的概念，不同的国家有着不同的定义。按照我国最新的标准，汽车是指由动力驱动，具有四个或四个以上车轮的非轨道承载的车辆，主要用于载运人员和（或）货物、牵引载运人员和（或）货物、特殊用途。此外，无轨电车和整车整备质量超过400千克的三轮车辆也属于汽车的范畴。按照美国汽车工程师学会的标准，汽车是指由本身动力驱动，装有驾驶装置，能在固定轨道以外的道路或地域上运送客货或牵引车辆的车辆；按照日本工业标准，汽车是指自身装有发动机和操纵装置，不依靠固定轨道和架线能在陆上行驶的车辆。

◆ 汽车的分类

从用途上看，汽车主要分为载客车、货车和特殊用途的汽车三类。

载客车：专门用作人员乘坐的汽车，按其座位多少又可分为轿车

客 车

天堑变通途

货车

和客车、旅游车等种类。轿车是指除司机外乘坐2~8人的小型客车。按发动机的工作容积大小，轿车分为微型（1升以下）、轻型（1~1.6升）、中型（1.6~2.5升）和大型（2.5升以上）轿车。另外还可以分为普通轿车、高级轿车、旅行轿车和活顶轿车。客车是指除司机外乘坐9人以上的载客车为客车。客车有单层、双层型式，并可按总质量、总长度分为不同类型，另外，还可按使用目的分为旅行客车、城市客车、长途客车、游览客车和旅游车等。

货车：主要供运载货物用的汽车称为货车，又称载货汽车。主要分为普通货车、特种车、自卸车和牵引车四种类型。普通货车按其载重量分为轻型（小于3.5吨）、中型（大于4~8吨）和重型（大于8吨）货车；特种车为普通货车的变型，具有特殊货箱，并考虑到货物装载和运输上的专门需求，有保温箱货车、罐式货车等；自卸车是指货箱能自动举升并倾卸散装货物、固体货物，如煤、砂石、矿料等；牵引车又称载货列车，一般可分为全挂牵引车和半挂牵引车。专门用来牵引挂车、半挂车和长货挂车的主体，一般车上不搭乘旅客，没有装载货物的车厢。

特殊用途的汽车包括：建筑工程用汽车、市政公共事业用汽车、

第三章 汽车

农用汽车、竞赛汽车等。

除此之外，按汽车对道路的适应性，汽车又可以分为普通汽车和越野车；按汽车动力装置型式，汽车又可以分为活塞式内燃机汽车、电动汽车、燃气轮汽车。

◆ 汽车的组成部分

汽车一般由发动机、底盘、车身和电气设备等四个基本部分组成。

发动机：发动机是汽车的动力装置，由曲柄连杆机构、配气机构2大机构和燃料供给系、冷却系、润滑系、点火系、起动系5大系组成。其中，曲柄连杆机构由连杆、曲轴、轴瓦、飞轮、活塞、活塞环、活塞销和曲轴油封组成。配气机构由汽缸盖、气门室盖罩、凸轮轴、气门、进气歧管、排气歧管、空气滤、消音器、三元催化、增压器和中冷器等组成。发动机供给系由汽油箱、汽油泵、汽油滤、清器组成。发动机冷却系由水箱、水泵、散热器、风扇、节温器、水温表和放水开关组成。汽车发动机采用两种冷却方式，即空气冷却和水冷却。一般汽车发动机多采用水冷却。发动机润滑系由机油泵、集滤器、机油滤清器、油道、限压阀、机油表、感压塞及油尺等组成。发动机由起动机、点火开关、蓄电池组成。发动机点火系：传统式由蓄电池、发电机、点火线圈、断电器、火花零组

汽车发动机

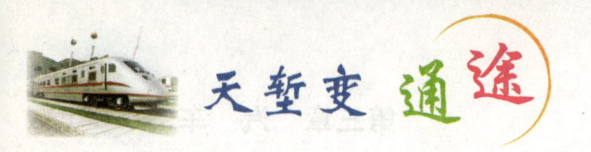

成。普通式和传统式类似，只是用子子元件取代了断电器。电子点火式，全部是全电子点火系统，完全取消了机械装置，包括蓄电池、发电机、点火线圈、火花塞和电子控制系统等。

底盘：汽车底盘由传动系、行驶系、转向系和制动系四部分组成，主要承担着支承、安装汽车发动机及其各部件、总成，形成汽车的整体造型，并接受发动机的动力，使汽车产生运动，保证正常行驶的任务。

传动系主要是由离合器、变速器、万向节、传动轴和驱动桥等组成，负责把汽车发动机所发出的动力传递到驱动车轮，其具有减速、变速、倒车、中断动力、轮间差速和轴间差速等功能，与发动机配合工作，能保证汽车在各种状况条件下的正常行驶，并具有良好的动力性和经济性。其中，离合器负责平稳地接合或暂时地分离发动机的动力与传动装置，以便于驾驶员进行汽车的起步、停车、换档等操作。变速器由变速器壳、变速器盖、第一轴、第二轴、中间轴、倒档轴、齿轮、轴承、操纵机构等机件构

汽车离合器

第三章 汽车

成,用于汽车变速、变输出转矩。

行驶系由车架、车桥、悬架和车轮等部分组成。行驶系主要担负着四项任务:一是接受传动系的动力,通过驱动轮与路面的作用产生牵引力,使汽车正常行驶;二是承受汽车的总重量和地面的反力;三是缓和不平路面对车身造成的冲击,衰减汽车行驶中的振动,保持行驶的平顺性;四是与转向系配合,保证汽车操纵稳定性。

转向系是汽车上用来改变或恢复其行驶方向的专设机构,主要由转向操纵机构、转向器、转向传动机构三部分组成。其中,转向操纵机构由转向盘、转向轴、转向管柱等组成。转向器负责将转向盘的转动变为转向摇臂的摆动或齿条轴的

汽车转向盘

直线往复运动,并对转向操纵力进行放大。转向器一般固定在汽车车架或车身上,转向操纵力通过转向器后一般还会改变传动方向。转向传动机构负责将转向器输出的力和运动传给车轮,并使左右车轮按一定关系进行偏转。

制动系:制动系是指汽车上用以使外界(主要是路面)在汽车某些部分(主要是车轮)施加一定的力,从而对其进行一定程度的强制制动的一系列专门装置。按制动系统的作用,制动系统可分为行车制

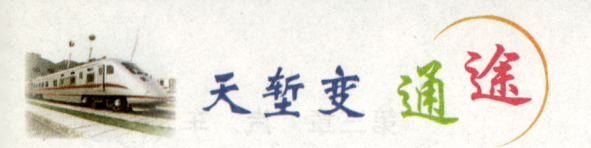

动系统、驻车制动系统、应急制动系统及辅助制动系统等。其中，行车制动系统是指使行驶中的汽车降低速度甚至停车的制动系统；驻车制动系统是指使已停驶的汽车驻留原地不动的制动系统；应急制动系统是指在行车制动系统失效的情况下，仍能保证汽车实现减速或停车的制动系统；辅助制动系统是指在行车过程中，辅助行车制动系统降低车速或保持车速稳定，但不能将车辆紧急制停的制动系统。按制动操纵能源，制动系统可分为人力制动系统、动力制动系统和伺服制动系统等。人力制动系统是指以驾驶员的肌体作为唯一制动能源的制动系统；动力制动系统是指完全靠由发动机的动力转化而成的气压或液压形式的势能进行制动的系统；伺服制动系统是指兼用人力和发动机动力进行制动的制动系统。按制动能量的传输方式，制动系统可分为机械式、液压式、气压式、电磁式等。

制动系统一般由制动操纵机构和制动器两个主要部分组成。其中，制动操纵机构是指产生制动动作、控制制动效果并将制动能量传输到制动器的各个部件以及制动轮缸和制动管路。制动器则是指产生阻碍车辆的运动或运动趋势的力（制动力）的部件。制动系主要担负着三个方面的任务：一是使行驶中的汽车按照驾驶员的要求进行强制减速甚至停车；二是使已停驶的汽车在各种道路条件下（包括在坡道上）稳定驻车；三是使下坡行驶的汽车速度保持稳定。

汽车车身安装在底盘的车架上，主要用于驾驶员、旅客乘坐或装载货物。轿车、客车的车身一般是整体结构，货车车身一般是由驾驶室和货箱两部分组成。汽车车身主要包括车身壳体、车门、车

第三章 汽 车

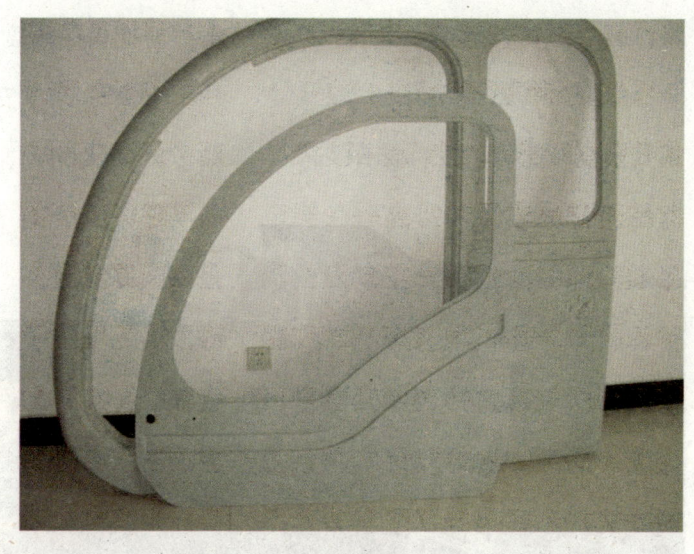

汽车车门

窗、车前钣制件、车身内外装饰件和车身附件、座椅以及通风、暖气、冷气、空气调节装置等等。此外，在货车和专用汽车上还包括车箱和其他装备。

车身壳体是一切车身部件的安装基础，通常是指纵、横梁和支柱等主要承力元件以及与它们相连接的钣件共同组成的刚性空间结构。客车车身多数具有明显的骨架，而轿车车身和货车驾驶室则没有明显的骨架。车身壳体通常还包括在其上敷设的隔音、隔热、防振、防腐、密封等材料及涂层。

车门通过铰链安装在车身壳体上，其结构较复杂，是保证车身的使用性能的重要部件。钣等这些钣制制件形成了容纳发动机、车轮等部件的空间。

车身外部装饰件主要是指装饰条、车轮装饰罩、标志、浮雕式文字等等。车内部装饰件包括仪表板、顶篷、侧壁、座椅等表面覆饰物，以及窗帘和地毯。车身附件包括门锁、门铰链、玻璃升降器、各种密封件、风窗刮水器、风窗洗涤

91

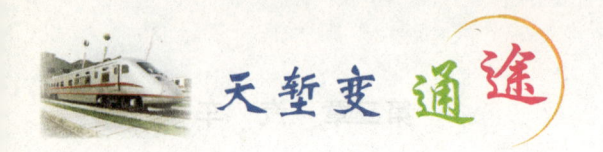

器、遮阳板、后视镜、拉手、点烟器、烟灰盒等。

车身内部的通风、暖气、冷气以及空气调节装置是维持车内正常环境、保证驾驶员和乘客安全舒适的重要装置。座椅也是车身内部重要装置之一。座椅由骨架、座垫、靠背和调节机构等组成。座垫和靠背应具有一定的弹性。某些座椅还有弹性悬架和减振器，可对其弹性悬架加以调节以便在驾驶员们不同的体重作用下仍能保证座垫离地板的高度适当。

为保证行车安全，在现代汽车上广泛采用对乘员施加约束的安全带、头枕、气囊以及汽车碰撞时防止乘员受伤的各种缓冲和包垫装置。

电气设备主要由电源和用电设备两部分组成。电源包括蓄电池和发电机；用电设备包括发动机的起动系、汽油机的点火系和其他用电装置。蓄电池主要供给起动机用电，在发动机起动或低速运转时

汽车座椅

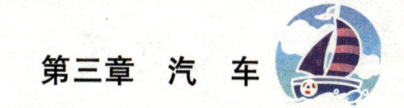

向发动机点火系及其他用电设备供电。起动机主要是将电能转变成机械能，带动曲轴旋转，起动发动机。起动机使用时，应注意每次起动时间不得超过5秒，每次使用间隔不小于10~15秒，连续使用不得超过3次。

交通知识小百科

汽车性能参数（一）

1.整车装备质量：汽车完全装备好的质量，包括润滑油、燃料、随车工具、备胎等所有装置的质量。

2.最大总质量：汽车满载时的总质量。

3.最大装载质量：汽车在道路上行驶时的最大装载质量。

4.最大轴载质量：汽车单轴所承载的最大总质量。与道路通过性有关，在对汽车的使用过程中尽量不要对酸碱物体进行伤害。

5.车长：汽车长度方向两极端点间的距离。

6.车宽：汽车宽度方向两极端点间的距离。

7.车高：汽车最高点至地面间的距离。

8.轴距：汽车前轴中心至后轴中心的距离。

9.轮距：同一车轿左右轮胎胎面中心线间的距离。

10.前悬：汽车最前端至前轴中心的距离。

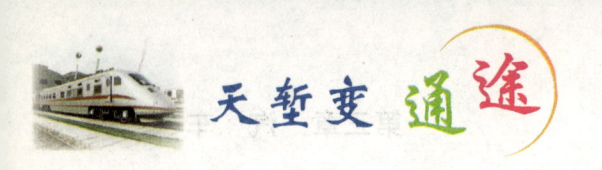

汽车的发展历程

◆世界汽车的发展

1886年,德国工程师戴姆勒打造了世界上第一辆公认的以内燃机为动力的四轮汽车。德国发明了汽车,美国则把这个行业带入了艺术设计的圣殿,而哈利厄尔则是有史以来最伟大的汽车设计大师,他对现代汽车的影响不可估量。

20世纪30年代到二战结束这段时间,是汽车设计向现代化转变的重要时期。欧洲人也加入了原先由美国人独占的汽车设计领域。欧洲在流线型设计方面走在世界前列,1913年意大利为count ricotti公司设计的汽车是流线型的最早期作品。在30年代,流线型几乎就是时尚的代名词。车头变宽,将轮胎包入,前大灯陷入车头,挂在车尾的独立式行李箱也与车尾融为一体,汽车完全摆脱了马车的影子。到了40年代,流线型褪去,船型车身开始出现。

第一次世界大战前,美国就已经进入了汽车普及时代,而在意、英、法、德等欧洲国家,汽车则是在二战后才大量进入家庭,并在60、70年代达到高峰。希特勒在二战前提出的"生产国民大众使用的汽车"思想使二战结束后欧洲车坛诞生了很多实用、经典的国民车,采用尽可能简单耐用的机械结构。1930年诞生原型车;1939年正式

第三章 汽 车

开始生产的大众甲壳虫；1948年法国雪铁龙2CV；1948年英国morris minor；1957年意大利fiat500；1959年英国mini，都是那个时期国民车的经典，也是汽车史上的经典。

1950—1970年，长尾鳍到短尾，双门四座轿跑车短暂兴起。当时典型的美国汽车是火箭式车头，飞船式车尾。后来，楔形车身，即短尾设计的运动汽车开始普遍。20世纪60~70年代的中置发动机跑车兰博基尼、法拉利、玛莎拉蒂，以及福特野马、克维特、道奇蝰蛇、都采用了长车头，短而宽阔的车尾。美国经济的强大以及意大利、英国为首的欧洲小厂热衷表现美学功底，使追求运动气息的年轻人开始追求coupe车型。阿斯顿马丁DB2、阿尔法罗密欧giulietta、玛莎拉蒂A6和5000GT等，都是那个时代的经典。

1970—1990年，平面直角和

甲壳虫汽车

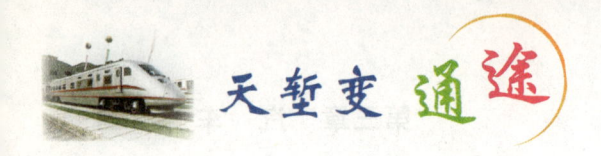

多元化。1974年是个重要的年份，马里奥·甘地尼设计的兰博基尼countach和乔治罗亚设计的大众高尔夫都在这一年诞生。此后几年乔治罗亚有设计出类似的fiat熊猫和兰西亚delta等，他们的出现改变了很多设计师的思维模式，方方正正的造型在20世纪80年代异军突起，并被日本厂商发扬光大至90年代。

20世纪70年代，受石油危机影响，80年代财政相对困难，汽车开始向多样化的实用性发展。来自军用、农用、远征等领域的设计，在汽车界掀起波澜，并在后来成为时尚。但受到石油危机的影响，人们开始关注更精巧，外观更像轿车的运动多用途车。1984年，新切诺基问世，吉普把以前的粗犷越野车变成了一种时尚都市汽车，同时期还诞生了路虎揽胜。80年代开始，MPV诞生。1983年11月，克莱斯勒第一款也是全球第一款厢式旅

路虎揽胜

第三章 汽 车

行车——大捷龙问世，这种车在为乘客提供更大空间的同时，还具有轿车般的安静舒适。MPV旋风至此从北美延伸至全球。雷诺espace则是欧洲第一款MPV，90年代，雪弗兰卢米娜和丰田大霸王也加入阵营。

1990年至今，分裂的时代。现代经济发展迅速，人们更加追求个性，更加挑剔，思想更加多元化，这也导致多种风格同时涌现。

经典主义：经典主义又包含多种层次：一层是设计师本身对于过去经典的缅怀与尊敬；另一层是设计师力图在原来的经典车型中赋予自己的色彩；还有试图使用经典车型为公司开辟一条新的道路。各自代表分别为大众新甲壳虫、mini、克莱斯勒PT漫步者。

新经典主义：新经典主义就是在传统基础上的再创新。20世纪90年代末宾利和劳斯莱斯分别被大众和宝马收购，随后在全新设计团队的操作下推出的欧陆GT和幻影虽然有着全新的面貌，但是依然有着对传统的尊重，这才使其得以继续壮大。

边锋主义和流线主义：边锋主义和流线主义各有特点，但是设计中却彼此影响。边锋主义设计理念被普遍认为从福特GT90开始，设计上更注重线条层次感，在视觉上会让人感觉车型尺寸更为宽大，非常合适小型车的设计。代表车型奔驰A级。事实上，边锋主义的实施过程摆脱不了流线主义，如果没有流线，设计出来的小型车就会缺乏美感。当然，在边锋主义的影响下，流线主义的设计更为运动和时尚，车型充满了气势和冲劲。代表车型如第一代奥迪TT、福特雷鸟等。21世纪后，边锋主义战胜了流线主义，不管是内饰还是外部线条都追求极其硬朗的线条。这种线

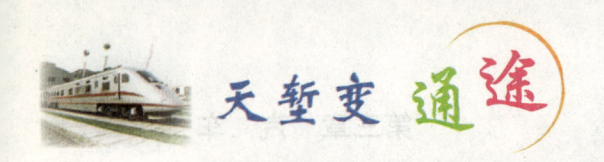

奥迪TT

条可以让汽车看起来强劲有力，很安全，但缺点是它迫使汽车变得更长、更宽、更高。不过这对于中大型车和跑车来讲就非常合适，比较经典的如克莱斯勒300C、兰博基尼GALLARDO等。

交通知识小百科

汽车性能参数（二）

11. 后悬：汽车最后端至后轴中心的距离。

12. 最小离地间隙：汽车满载时，最低点至地面的距离。

第三章 汽　车

13. 接近角：汽车前端突出点向前轮引的切线与地面的夹角。

14. 离去角：汽车后端突出点向后轮引的切线与地面的夹角。

15. 转弯半径：汽车转向时，汽车外侧转向轮的中心平面在车辆支承平面上的轨迹圆半径。转向盘转到极限位置时的转弯半径为最小转弯半径。

16. 最高车速：汽车在平直道路上行驶时能达到的最大速度。

17. 最大爬坡度：汽车满载时的最大爬坡能力。

18. 平均燃料消耗量：汽车在道路上行驶时每百千米平均燃料消耗量。

19. 车轮数和驱动轮数：车轮数以轮毂数为计量依据，n 代表汽车的车轮总数，m 代表驱动轮数。

◆中国汽车的发展

在旧中国，中国没有汽车制造业。1903 年，美国产的奥斯莫比尔牌小汽车输入到中国，这是中国土地上第一辆汽车，领得第一号汽车行驶牌证。1928 年，在奉系军阀张学良将军支持下，中国聘请美国技师指导，开始尝试制造汽车。在沈阳北大营军工厂，中国成功仿造了美国万国牌载重汽车。1936 年，中国政府计划与德国奔驰公司合作，成立官办"中国汽车制造公司"，拟先组装汽车、后制造汽车。可是到了1937年，抗日战争爆发，此议被搁置下来。直到1949年内战结束，中国也只有汽车使用和修理业。

新中国成立后，中国汽车产业才得以建立和发展。新中国汽车产业的发展过程可以分成创建、独立

天堑变通途

奥斯莫比尔

自主发展、对外开放三个阶段。

创建阶段：1953—1958年是中国汽车产业的创建阶段，其标志为长春第一汽车制造厂的建成。这一阶段的建设工作是在原苏联的全面援助下进行的，产品由苏联引进，工艺流程由苏联设计，主要设备由苏联提供，连厂房设计也由苏联方面承担。第一汽车制造厂1953年奠基，1956年从流水装配线上开出第一台"解放牌"汽车。1958年生产汽车16000辆。

独立自主发展阶段：1958—1984年是中国汽车产业的第二阶段，其标志为第二汽车制造厂的建设。1958年左右，中苏关系恶化。中国汽车产业与其他经济部门开始进入自力更生时期。在基础工业初步形成之后，我国各地纷纷仿造和试制了多款汽车，逐渐形成了几个较有规模的汽车制造厂。如南京汽车制造厂、北京汽车制造厂等。

第三章 汽 车

1958年，北京汽车制造厂研制了中国人的第一辆轿车，起名"井冈山牌"。从此，中国汽车产业进入了独立自主、自力更生的发展阶段。1964年，从当时的政治、军事和经济建设观点出发，选择湖北省西北部山区筹建第二汽车制造厂。建设期间经过"文化大革命"后，1978年开始批量投产，主要产品是中国人自己开发的载重5t的"东风牌"载货汽车，20世纪80年代中期达到年产中型载货汽车10万辆以上的规模，成为国内生产规模最大的企业。

对外开放阶段：20世纪80年代中期，中国发生了一次激烈的争论，主题是是否发展轿车消费和轿车生产。争论的结果是中国需要发展轿车，建立现代轿车工业。1984年，第一家整车制造合资公司，由北京汽车工业公司与克莱斯勒共同投资的轿车生产企业诞生，这标志

东风汽车

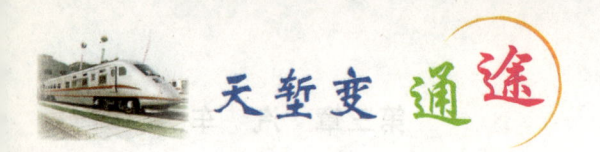

着汽车产业进入一个新的发展阶段——对外开放阶段。从此，一大批合资公司在中国诞生。这一阶段有以下特点：把轿车工业作为发展的重点；引进外资，建立合资企业；引进国外产品、工艺和管理方法，实行高起点、大批量的起步方针，很快形成一定规模；企业初步做到按市场机制运行。

20世纪80年代中期开始的改变，是中国汽车产业初步实现与世界产业的接轨。90年代，中国社会经济制度发生了从中央统一计划经济向社会主义市场经济的重大转变，并且开始融入国际经济大循环，加入世界贸易组织（WTO）的谈判并取得成功。中国的汽车产业也逐渐走上国际化大循环的道路。

自1994年《汽车工业产业政策》发布并执行以来，中国汽车工业有了长足发展，企业生产规模、汽车产销量、产品种类、技术水平、市场集中度均有显著进步。进入21世纪，国内外环境发生了深刻变化，中国汽车工业既有良好的发展机遇，又面临着严峻挑战，同时一些深层次的矛盾和问题也逐渐暴露出来。要促进汽车工业的健康发展，需要有一个具有创新性、前瞻性、科学性，并具有指导意义的产业政策。国家发展改革委员会于2004年6月1日正式颁布实施《汽车产业发展政策》。《汽车产业发展政策》具有七个方面的特点：取消了与世贸组织规则和我国加入世贸组织所做承诺不一致的内容；大幅度减少行政审批，依靠法规和技术标准，引导产业健康发展；提出了品牌战略，鼓励开发具有自主知识产权的产品，为汽车工业自主发展明确政策导向；引导现有汽车生产企业兼并、重组，促进国内汽车企业集团做大做强；要求汽车生产企业重视建立品牌销售和服务体

第三章 汽 车

电动汽车

系，消除消费者的后顾之忧；引导和鼓励发展节能环保型汽车和新型燃料汽车；对创造更好的消费环境提出了指导性意见。其具体目标是使我国汽车产业在2010年前发展成为国民经济的支柱产业。

交通知识小百科

绿色汽车

目前出现的绿色汽车大致可分为以下几种：

电动汽车：低耗、低污染、高效率的优势使其在人们面前展现了良好的发展前景；

天堑变通途

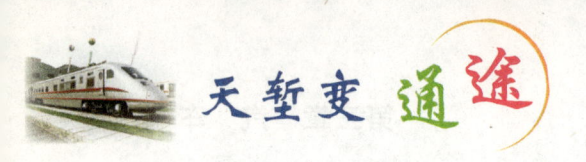

未来太阳能汽车

天然气汽车：排污大大低于以汽油为燃料的汽车，成本也比较低，作为产天然气大国的中国来说，这是一种理想的清洁能源汽车；

氢能源汽车：采用氢能源作为燃料。氢燃料电池的原理是利用电分解水时的逆反应，使氢气与空气中的氧气产生化学反应，产生水和电，从而实现高效率的低温发电，且余热的回收与再利用也简单易行；

甲醇汽车：目前正进行关键技术的研究，在保证其可靠性的前提下，在煤少油的地区值得推广；

太阳能汽车：节约能源，无污染，是最为典型的绿色汽车。目前中国太阳能汽车的储备电能、电压等数据和设计水平，已接近或超过了发达国家水平，是一种有望普及推广的新型交通工具。

第三章 汽车

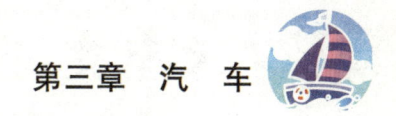

世界著名汽车

◆大众汽车

大众汽车公司创建于1938年德国的沃尔斯堡，创始人是世界著名的汽车设计大师波尔舍，世界十大汽车公司之一。大众汽车顾名思义是为大众生产的汽车。大众汽车公司经营汽车产品占主要地位，是一个在全世界许多国家都有汽车活动的跨车汽车集团。

1934年1月17日，波尔舍向德

大众汽车

国政府提出一份为大众设计生产汽车的建议书。建议被批准后，由波尔舍组建了一个由34万人入股的大众汽车股份公司，年产量为100万辆。在沃尔斯堡的"大众汽车城"里，第一批"甲壳虫"问世，但仅仅生产了630辆就因第二次世界大战而停产。二战后，大众公司划归西德政府，汽车生产又逐步恢复。由于"甲壳虫"车价格低廉，这种汽车很快风靡德国和欧洲。随着"甲壳虫"的畅销，大众汽车公司也成长为一个强大的世界汽车生产集团，它在西班牙、墨西哥等许多国家都建立起汽车生产厂和销售公司。继"甲壳虫"后，大众公司在1980年实现四轮连续驱动水客车大批量生产，推出80年代世界最畅销的高尔夫汽车，从而成为欧洲最大的汽车商。

大众汽车公司总部在沃尔斯堡。现任董事长为卡尔·汉恩博士，现有雇员26.5万人。在全世界有13家生产性子公司，海外有7个销售公司，23个其他公司。国内子公司主要是大众和奥迪公司，国外有西班牙、墨西哥、斯柯达、桑塔纳、帕萨特、柯拉多、奥迪、奥迪科贝等。整个汽车集团产销量在300万辆在右。

◆宝马汽车

宝马公司创建于1916年，总部设在幕尼黑。宝马是驰名世界的汽车企业，也被认为是高档汽车生产业的先导。80年来，它由最初的一家飞机引擎生产厂发展成为今天以高级轿车为主导，并生产享誉全球的飞机引擎、越野车和摩托车的企业集团，名列世界汽车公司前20名。

宝马作为国际汽车市场上的重要成员相当活跃，其业务遍及全世界120个国家。1997年生产各种车

第三章 汽车

宝马汽车

辆120万辆。宝马汽车主要有3、5、7、8系列汽车及双座蓬顶跑车等。目前，宝马正处于事业兴盛时期：欧宝和福特汽车公司购买它的6缸柴油发动机；劳斯莱斯集团不仅采用它的12缸发动机及电子设备，还与其共同研究生产新的航空发动机；1994年宝马集团收购了英国陆虎汽车公司；1998年，宝马集团又购得了劳斯莱斯汽车品牌；宝马在美国南卡罗来那州的新厂也落成投产，这是在美国的第一家外国高档汽车生产厂。

宝马公司历来以重视技术革新而闻名，不断为高性能高档汽车设定新标准。同时，宝马十分重视安全和环保问题。宝马在"主动安全性能"和"被动安全性能"方面的研究及其整体式道路安全系统为公司赢得了声誉。

天堑变通途

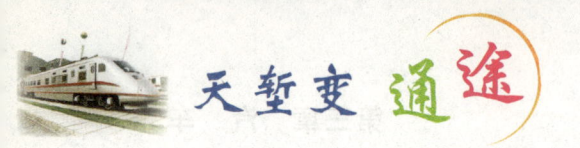

◆ 雷诺汽车

雷诺汽车公司创立于1898年，创始人是路易·雷诺，世界十大汽车公司之一。而今的雷诺汽车公司是法国最大的国营企业，也是世界上以生产各型汽车为主，涉足发动机、农业机械、自动化设备、机床、电子业、所、塑料橡胶业的垄断工业集团。

雷诺公司第一次大发展是在一次世界大战中，它为军队生产枪枝弹药、飞机和轻型坦克，使雷诺公司取得了极大的发展。战争结束后，雷诺公司转向农业机械和重型柴油汽车生产，其柴油机核技术处于世界领先地位。二战期间，雷诺公司为德国法西斯效劳，为德国军队提供大量坦克、飞机发动机和其他武器。战争结束后，雷诺公司被法国政府接管。战后，在法国政府

雷诺汽车

第三章　汽　车

的支持下，是雷诺公司第二次大发展的时期。公司利用国家资本，兼并了许多小汽车公司，并发挥了雷诺公司的技术潜力，开发出多品种汽车新产品。

由于雷诺集团本身有机床、自动化、电子分公司，因而雷诺的汽车厂机械设备非常先进，自动化程度很高，电子技术成果能较快地应用在汽车上，也使雷诺公司在汽车高技术上占有优势。雷诺汽车公司汽车产品十分齐全，除小客车和载货车外，各种改装车、特种车应有尽有，在十大汽车公司也是独此一家。雷诺公司下分小客车、商用车、自动化设备以及工业产品四个部，统管国内外所有的子公司。

雷诺公司总部设在法国比扬古，董事长为乔治贝斯，雇员总数为22万人，全年可生产汽车205万辆。最新小汽车产品有雷诺Cilo、雷诺19、雷诺25型等。雷诺汽车公司与日产汽车、三星汽车公司结成合作伙伴。

◆标致汽车

标致汽车公司创立于1890年，创始人是阿尔芒·标致，世界十大汽车公司之一，法国最大的汽车集团公司。标致公司创始之初以生产自行车和三轮车为主，1891年开始涉足汽车领域并取得成功。由于不断采用新技术，公司的产量与日俱增。到第一次世界大战前，产量已超过法国所有的汽车生产厂家，达到12 000辆。第一次世界大战中，阿尔芒·标致及时调整经营战略，使标致公司在战争中发展起来，1939年年产汽车即达4.8万辆。标致公司的第二次大发展时期是二战后的50、60年代，汽车产量在20年间猛增十几倍，一跃成为法国第二大汽车公司。

1976年，标致公司以自己的经

天堑变通途

标致汽车

济实力收购了经营不善的雪铁龙公司60%的股份,从而扩充了自己的实力。汽车总产量超过雷诺汽车公司而居法国第一。标致公司拥有92家国内公司和84家海外公司,海外公司以商业公司为主,工业公司不多,其中最大的海外工业公司有英国塔尔伯特和西班牙塔尔伯特汽车公司。20世纪80年代,标致公司和中国合作在广州建立合资企业,将标致504、505型汽车输入到中国。标致汽车产品从微型到豪华型都有,最受欢迎的是中型汽车。标致汽车的特点是寿命长、质量好,它的205及309型汽车在历年的汽车拉力赛中独占鳌头。

标致汽车公司的总部在法国巴黎,汽车厂多在弗南修·昆蒂省,雇员总数为11万人左右,年产汽车220万辆。

第三章 汽 车

◆菲亚特汽车

菲亚特公司创立于1899年,创始人是乔瓦尼·阿涅利,世界最著名的汽车跨国企业之一。1899年菲亚特第一辆汽车诞生,1908年进军美国市场,并开始出口法国、奥地利、英国等国。迄今为止,菲亚特汽车公司累计生产汽车已突破7000多万辆。

作为世界汽车工业的创始者之一,从成立开始,菲亚特就奉行着双重的发展战略:集中创新和走向外国市场。这主要表现为产品的高技术含量以及先进的工业系统和组织结构。菲亚特汽车公司以生产轿车和轻型商用车著称,以拥有菲亚特(FIAT)、阿尔发罗米欧(ALFA ROMEO)、蓝旗亚(LANCIA)等品牌活跃于国际市场。菲亚特汽车公司把产品内容、风格和技术等方面的革新作为公司发展战略的重要组成部分,把满足

菲亚特汽车

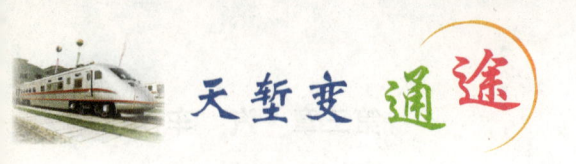

客户需求和赢得有利的竞争条件作为公司发展的中心点。菲亚特汽车公司除销售和生产汽车外，还通过塔加服务公司及其合资公司为其供货商、代理商和客户提供整套移动和保险服务，同时通过菲迪斯公司及其所控公司提供财务服务。

多年来，菲亚特汽车公司还一直致力于代用燃料汽车的研究开发，以最大程度减少环境污染。该宗旨来自于菲亚特的总体环境方针：降低油耗与减少传统发动机车型排放物的污染物含量，生产对环境污染少的汽车，开发使用代用燃料作为动力系统的汽车，以及在汽车使用寿命结束后的回收再循环。菲亚特汽车公司目前旗下生产销售的三大品牌菲亚特、阿尔发·罗米欧和蓝旗亚，都是浓厚的意大利历史、文化和传统的积淀。

菲亚特汽车公司展望，未来的轿车是将一个由封闭的微小空间发

菲亚特汽车

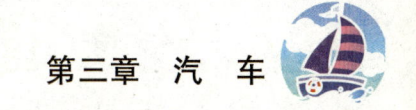

第三章 汽 车

展为在联络与沟通的敞开系统中为车手服务的新潮流先驱，它不再只是代步的工具，更是信息传递的一种方式，一个能真正体现人脑思维的智能交通工具。菲亚特汽车公司将为此付出不懈的努力。

交通知识小百科

世界最快汽车

第一名：SSCUltimateAero（约437千米/时）；

第二名：萨林S7（416千米/时）；

第三名：布加迪（407千米/时）；

第四名：KoenigseggCCR（388千米/时）；

第五名：阿斯顿·马丁One-77（最高时速：360千米/时）；

第六名：法拉利Enzo（350千米/时）；

第七名：道奇ViperSRT-10（348千米/时）；

第八名：帕加尼Zonda（345千米/时）；

第九名：兰博基尼Reventon（340千米/时）；

第十名：奔驰SLRMcLaren（334千米/时）。

◆ 通用汽车

通用汽车公司创建于1908年，创始人是威廉·杜兰特。通用汽车公司是全球最大的汽车制造商，在

天堑变通途

雪佛兰

世界范围内设计、制造和销售各种轿车和卡车。通用汽车公司是美国最早实行股份制和专家集团管理的特大型企业之一。通用汽车公司生产的汽车，是美国汽车豪华、宽大、内部舒适、速度快、储备功率大等特点的经典代表。而且通用汽车公司尤其重视质量和新技术的采用。

通用汽车公司的主要市场包括北美、欧洲、亚太地区、拉美、非洲和中东，其中最大的是北美市场。通用汽车自1931年起就成为全球汽车企业的领导者。通用汽车旗下的轿车和卡车品牌包括：凯迪拉克、雪佛兰、别克、GMC、霍顿、悍马、奥兹莫比、欧宝、庞蒂亚克、Saab、土星和沃豪。

通用汽车斥巨资在遍布全球的汽车业务中配备尖端科学技术和电子商务功能，并实施了电子通用汽车（e-GM）、百车通

第三章 汽 车

（BuyPower）、OnStar及其休斯电子公司子公司等多项战略。同时，通用汽车还拥有全球最为成功的金融机构之一——通用汽车融资公司。其他主要子公司还包括通用汽车机车部和艾里逊变速箱部。作为全球战略的一部分，通用汽车公司与菲亚特汽车有限公司、富士重工业株式会社、日本铃木汽车株式会社，以及日本五十铃汽车株式会社等企业成为战略伙伴。此外，通用汽车还与丰田汽车公司和本田汽车公司开展技术协作。在亚太地区，通用汽车继续通过扩展制造业务，加强战略联盟，并且针对本地市场需求专门设计汽车产品等战略为其业务增长奠定坚实基础。设在中国的合资企业上海通用汽车有限公司和金杯通用汽车有限公司已分别于1999年及2001年正式投产。

作为通用汽车公司的全资子公司，通用汽车融资公司在GMAC金融服务的统一旗帜下提供各种金融服务。除了购车贷款业务以外，其主要业务还包括保险、抵押融资和公司对公司融资业务。另外，通用汽车公司还拥有艾里逊变速箱部、休斯宇宙通信公司、机车部等业务部门。

通用汽车公司的全球总部位于美国密歇根州的汽车之城底特律，公司下属的分部达二十多个，拥有员工266 000名，迄今在全球35个国家和地区建立了汽车制造业务。

◆福特汽车

福特汽车公司创立于1903年，创始人是亨利·福特先生。世界最大的汽车企业之一。

福特的产品种类繁多，轿车方面有以经济多用性著称的嘉年华和雅仕；有林肯·城市那样宽敞舒适的大型轿车；有象阿斯顿·马丁和美洲豹之类的华贵汽车；有在澳大

福 特

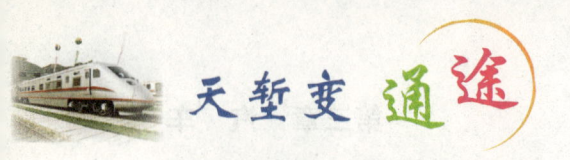

利亚生产的大众化中级轿车猎鹰；在北美生产的特使和黑貂；还有蒙迪欧、康拓和水星环宇那样的世界级汽车。

福特汽车公司是世界上第四大工业企业和第二大小汽车和卡车生产商，大约在全世界有36万名职工服务于汽车、农业、金融和通信领域。福特公司的多薪化经营范围分别包括电子、玻璃、塑料、汽车零部件、空间技术、卫星通信、国防工程、地基开发、设备租赁和汽车出租。它有三个战略经营单位——汽车集团、多样化产品集团和金融服务（财务公司）。

◆保时捷汽车

保时捷创建于1930年，创始人是德国的费迪南·保时捷博士。刚创建的时候，保时捷公司只是德国一家普通的汽车设计研究所，而今已成为同奔驰、宝马、大众并列的德国汽车界四大品牌之一，也是世界上知名度最高的高速汽车生产商

第三章 汽　车

之一。

　　保时捷最知名的车型是1963年9月亮相的911，它是汽车历史上最成功的常青跑车。世界上大多数的著名跑车，只生产几代便会销声匿

上发现它们有着密切的关系，这也是保时捷911之所以到今天还倍受瞩目的因素之一。

　　保时捷采用斯图加特市的盾形市徽"Stuttgart"字样作为其商标

保时捷

迹，但要代代车型皆不同，并使第一代和现今最新一代联系在一起，则很是不易，可是保时捷911就做到了这一点。如果把历代保时捷911摆在一起，很容易就能从外观

标志，商标中间是一匹骏马，代表斯图加特市盛产的一种名贵种马；左上方和右下方是鹿角的图案，表示斯图加特曾是狩猎的好地方；右上方和左下方的黄色条纹代表成熟

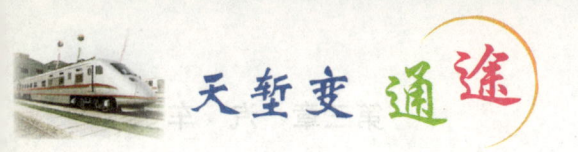

了的麦子，喻示五谷丰登，黑色代表肥沃的土地，红色象征人们的智慧和对大自然的钟爱。这一切都象征着保时捷的美好未来。

◆ 戴姆勒－克莱斯勒

克莱斯勒汽车公司创立于1925年，创始人名叫沃尔特·克莱斯勒。美国第三大汽车工业公司，该公司在全世界许多国家都设有子公司，是一个跨国汽车公司。公司总部设在美国底特律。

1924年，沃尔特·克莱斯勒离开通用汽车公司进入威廉斯·欧夫兰公司，开始生产克莱斯勒牌汽车。随着经营的扩大，克莱斯勒开始向海外扩张，先后在澳大利亚、法国、英国、巴西建厂和收买当地汽车公司股权，购买了意大利的玛莎拉蒂公司和兰博基尼公司，从而使公司成为一个跨国汽车公司。在20世纪30年代它的黄金时期，曾一度超过福特公司。70年代，公司因管理不善濒于倒闭，著名企业家

克莱斯勒

第三章 汽 车

李·雅柯卡接管该公司。雅柯卡上任后大胆启用新人，裁减员工，争取政府资助，并把主要精力投入市场调研和产品开发上，并在产品广告上出奇制胜。在80年代初，克莱斯勒又奇迹般地活了过来，继续排在世界前5名汽车大公司行列。

交通知识小百科

国际车展

1. 北美车展。北美车展一年一度，前身是美国原底特律国际汽车展

巴黎车展

天堑变通途

日内瓦车展

　　览会，1989年，底特律车展更名为北美国际汽车展，每年1月办展。至今已经有近百年历史，是美国创办历史最长的车展之一。

　　2. 巴黎车展。巴黎车展起源于1898年的国际汽车沙龙会，直至1976年每年一届，此后每两年一届。在每年的9月底至10月初举行。

　　3. 日内瓦车展。日内瓦车展起源于1905年，1926年起由非正式的协会主办，1947年协会改组为国际车展基金会，1982年起由政府出面创立的Orgexpo基金会主办。相比世界其他车展而言，日内瓦车展被业内人士看作是最佳的行业聚会场所。每年，日内瓦车展都会向世人展示全球汽车世界的最新革新成果。

第三章 汽 车

4.法兰克福车展。法兰克福车展创办于1897年，前身为柏林车展，1951年移到法兰克福举办，每年一届，轿车和商用车轮换展出。法兰克福车展是世界规模最大的车展，有"汽车奥运会"之称。

5.东京车展。东京车展是五大车展中历史最短的，被誉为"亚洲汽车风向标"，创办于1954年。东京车展还是亚洲最大的国际车展。东京车展每年轮流展示一次轿车和商务用车。

6.北京车展。北京车展于1990年创办，每两年定期在北京举办，至今已举办了18年。自展会创办以来，规模不断扩大，功能也由过去单纯的产品展示，发展到今天成为企业发展战略发布、全方位形象展示的

上海车展

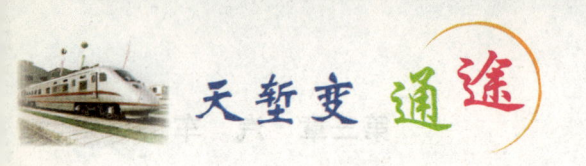

窗口；全球最前沿技术创新信息交流的平台；最高效的品牌推广宣传舞台。展品品质逐届提高，影响也日趋广泛，众多跨国汽车企业将北京车展列为全球A级车展。

7.上海车展。上海车展创办于1985年，是中国最早的专业国际汽车展览会；逢单数年举办，目前已经成功举办了十二届，是亚洲最大规模的车展。

第四章 船

天堑变通途

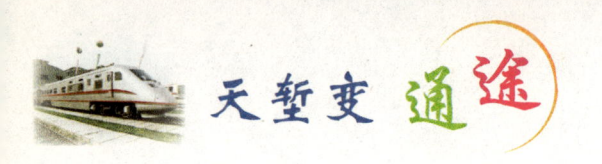

  船，是指利用水的浮力，依靠人力、风帆、发动机（如蒸气机、燃气涡轮、柴油引擎、核子动力机组）等动力，牵、拉、推、划、或推动螺旋桨、高压喷嘴，使能在水上移动的交通运输工具。此外，民用船一般称为船（古称舳舻）、轮（船）、舫，军用船称为舰、艇，小型船称为舢舨、艇、筏或舟，其总称为舰船、船舶或船艇。

  以船舶作为交通工具，在各种运输方式中，历史最悠久。人类祖先为了生存，大都居住在有水草的地方，长期与水打交道。人们受到水可以漂浮起树枝木干的启发，制造出了独木舟。独木舟是把一根圆木中间挖空，它是最早的船。以后人们又逐步学会了制造简单平稳、装载面积较大的筏，有木筏、竹筏、皮筏等。后来又出现了木板船。随着人们长期航行的实践，又创造了利用风力行驶的船——帆船。后来，人们发现用竹、木制造的船容易腐烂，很不坚固，于是开始用钢板造船。船越造越大，装的货越来越多，只用风力已经无法使船顺利行驶，人们便把蒸汽机和内燃机装到船上，于是出现了用蒸汽机驱动的船。今天，人们还用太阳能和喷气式发动机作为船的动力，最高时速已经可以达到500千米以上。

  在这一章里，我们就来一起谈一下船的相关知识。

第四章 船

船的相关概念

船舶是指能航行或停泊于水域进行运输或作业工具，按不同的使用要求而具有不同的技术性能、装备和结构型式。船舶在国防、国民经济和海洋开发等方面都占有十分重要的地位。

◆ 船的分类

船按用途分类，可分为客轮、货船、渡轮、铁道车两渡轮、货客船、救助作业船、工作船、渔船、非商船、快艇、拖船、引水船、指航船（指明航道的船只、军舰）等。其中，小艇商船是指以商业行为为目的的船只；客轮是指旅客输送用船；货船是指货物输送用船（载客15人以下者），如运输原油的原油船、货柜船、散装货船等；渡轮主要运载货物、乘客、汽车；铁道车两渡轮是指能运送大型铁道车辆的渡轮；货客船是指兼货物输送与旅客输送用船；救助作业船是指用于海上救护工作的船只；工作船是指处理打捞等工作的打捞船，从事科研考察工作的科考船、从事对航行中的船只的维护修理工作的工程船都属于这一范畴；渔船是指用于捕鱼业的用船；非商船是指非商业行为目的的使用船只；快艇是指用于水上娱乐或赛艇比赛的船只，种类有很多，摩托艇、气垫船都属于这一类型；拖船是指推拉大船进

天堑变通途

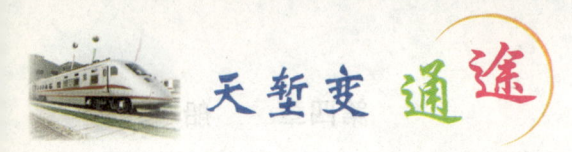

客　船

出港的专用船；引水船是指带引水人上下商船的专用船；指航船是指明航道的船只；军舰是军事用途船舶，如巡洋舰、驱逐舰等，船只本身不用于军事用途的军属船舶也归为此类；潜水艇也是一种特殊的船舶，军事用途的潜水艇归于军舰类。此外也有用于海底科研考察等工作的工作船类潜水艇。潜水艇还可用于海底观光等。

船按材料分类，可分为钢铁船、木造船、合金船、玻璃纤维船。

船按构造分类，可分为单体船、多体船（双体船，三体船等）、水翼船和气垫船。一般常见的船只为单体船。双体船有两个瘦长的船体共享一个主甲板及上层结构，使用涡轮喷嘴发动机，通过向后喷水获取反作用力向前推进，比普通螺旋桨推动更快速；而在高速时，双体瘦长的船身能降低阻力，而且船体稳度高，不易翻船。但是如果风浪过大，翻过90度后，就有可能会有灭顶之灾。双体船常常被应用于渡轮及军事运输上。水翼船是一种能高速航行的船舶。船底部有支架，装上水翼，当船加速后，水翼能产生浮力把船身抬离水面，从而减少水的阻力和增加航行速度。气垫船是一种能高速航行的船只，利用空气在底部衬垫承托减少水的阻力。很多气垫船的速度都可以超过五十节。

船按动力分类，可分为人力船、帆船、轮帆船、轮船。其中，人力船通过人力、使用桨橹篙等产生动力；帆船使用风力吹动帆产生动力；轮帆船是使用风力、发动机的双动力船；轮船是发动机动力船。

第四章　船

◆船的构成

（1）船体

船体又可分为主体部分和上层建筑部分。主体部分一般指上甲板以下的部分，由船壳（船底及船侧）和上甲板围成的具有特定形状的空心体组成，是保证船舶具所需浮力、航海性能和船体强度的关键部分，一般用于布置动力装置、装载货物、储存燃料和淡水，以及布置其他各种舱室；上层建筑位于

气垫船

上甲板，主要用于布置各种用途的舱室（如工作舱室、生活舱室、贮藏舱室、仪器设备舱室等）。船体结构为由板材和型材组合的板架结

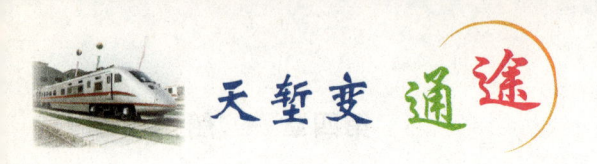

构，可分为纵骨架式结构和横骨架式结构以及混合骨架式结构。

（2）船舶动力装置

船舶动力装置又可分为推进装置和辅助装置。推进装置是提供推进动力的成套动力设备，由主机（如蒸汽机、汽轮机、柴油机、汽油机、燃汽轮机等）、主锅炉、传动装置、轴系、推进器、各种仪表和辅助设备等组成；辅助装置是为船舶的正常运行、作业、生活杂用等提供各种能量的成套动力设备，一般由船舶电站、辅助锅炉和废气锅炉装置以及其他辅助装置等组成。

（3）船舶舾装

船舶舾装包括舱室内装结构（内壁、天花板、地板等）、家具和生活设施、门窗、梯、栏杆、桅杆、舱口盖等。

（4）其他装备

如锚与系泊设备、舵与操舵设备、救生与消防设备、通信与导航设备、照明与信号设备、通风与空调和冷藏设备、压载水系统、舱底水疏干系统、液体舱的测深和透气系统、海水和生活用淡水系统、船舶电气设备等。构成船舶的零件有成千上万种，所用材料品种多、数量大，其中以钢材用量最大。船体结构用的材料主要是碳素钢和低合金高强度钢。船舶的主要技术特征有船舶排水量、船舶主尺度（如船长、型宽和型深等）、船体系数、舱容和登记吨位、船体型线图和结构图、船舶总布置图及主要设备的规格等。

第四章 船

交通知识小百科

造船厂世界排名

1. 韩国现代重工;

2. 韩国三星重工;

3. 韩国大宇造船海洋;

4. 韩国现代三湖重工;

5. 日本统一造船;

6. 日本今治造船;

7. 韩国现代尾浦;

8. 日本常石造船;

9. 日本大岛造船;

10. 日本三井造船;

11. 日本名村造船;

12. 日本石川岛播磨;

13. 台湾(中国)造船公司;

14. 日本佐世保重工;

15. 中国大连新船重工;

16. 日本住友重机;

17. 日本幸阳造船公司;

18. 日本川崎重工;

19. 韩国STX;

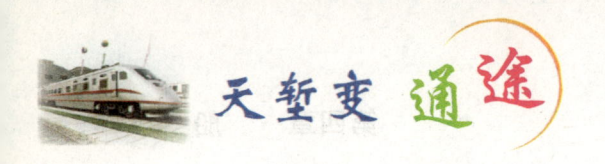

20.南通中远川崎。

中国船的发展

早在原始社会末期,最早的船只——筏和独木舟已经出现。早期的人类以捕鱼、打猎为生。捕鱼需要下水,打猎也常常过河。我们的祖先细心地发现,木头和树叶可以漂浮在水面上。于是,人们把砍下来的树干,用石斧和火,将一面削平、挖空,造成了第一只独木舟。在造出独木舟的同时,我们的祖先还发现把几根树木捆扎在一起,可以产生更大的浮力,载着人行驶在水面上。据此有人制成了木筏。跟独木舟相比,木筏的使用面积大,制作起来也更容易。此后,人们借助木筏往返河流的两岸,在水中运行,就变得简单多了。受到木筏的启发,人们又制成了竹筏、草筏和羊皮筏等。特别是竹筏,尤其受到人们的喜爱。因为竹子质地坚韧,重量轻,中间空,浮力大,

竹　筏

第四章　船

容易捆扎，并且不怕水长时间浸泡，用它制作成筏，不仅方便而且耐用。独木舟和筏是远古时期祖先最简陋的也是最重要的渡水工具。

随着人类文明的不断进步，人们在努力寻求着变革水上交通工具的办法。在不断的实践过程中，我们的祖先开始在独木舟的四周加上木板以增大容量，把原来的独木舟变成船底。在长期的演变过程中，圆底独木舟逐步变成了船底的中间部分，通连首尾的主要纵向的木材就变成"龙骨"了。这样就变成尖底或圆底的木板船，而原来平底的独木舟也就逐渐演变成平底木板船底中心线上的一块板了。与此同时，人们也对筏进行了改造，在筏的四周安上木板，逐步演变成一种不同于独木舟和筏的新船——木板船。应该说，由独木舟和筏发展到木板船，这是造船史上的飞跃。它开辟了航海及河运史上的新时期。

船舶的发展有着漫长的历史过程。最早出现的木板船叫舢板，原名"三板"。从字面上来看，就知道它最初是用三块木板构成的，也就是一块底板和两块舷板组合而成。几千年来，人们不断对三板船加以改进、完善，并且不断创新，导致了各式各样、性能优良的船舶不断产生。除了舢板这种单体木板船外，当时的人们受木筏制造原理的启发，还造出了"舫"。"舫"也称"方""枋""方舟""方船""枋船"。它的制作方法，一开始是用绳索把两只船捆在一起。后来，又演变为用木板或木梁放置在两只船上，用木钉、竹钉或铁钉钉在一起。除了由两只船体构成的舫外，在历史上还出现过由多只船体构成的船只。这种船行驶平稳，上面可以建造庐舍，成为统治阶级出游时候的专用船。可是，木板船航行时有一个很大的缺点，就是抗

天堑变通途

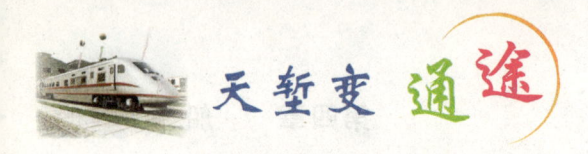

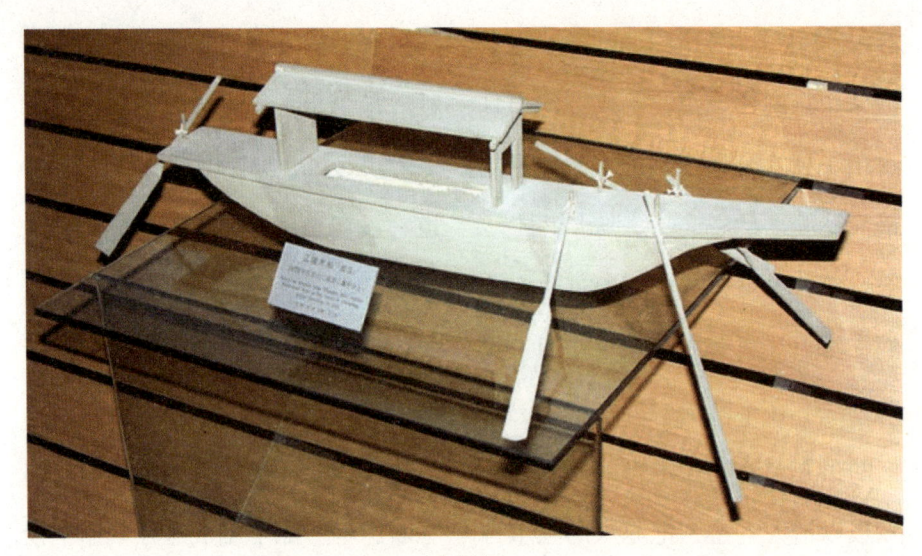

木板船

风能力较差。只有当抗风浪能力较强并能借助大自然风力进行远距离航行的木帆船出现后,人类的航海活动才变得更为主动。

春秋战国时期,我国南方已有专设的造船工场——船宫。诸侯国之间经常使用船只往来,并有了战船的记载。战船是从民用船只发展起来的,但是战船既要配备进攻手段,又要防御敌方进攻,因此它在结构和性能上的要求都比民用船只高。可以说,战船代表着各个时期最高的造船能力和技术水平,也从侧面反映了当时的经济实力和生产技术水平。吴国水军的战船是当时最有名的,它包括"艅艎(yú huáng 余皇)""三翼""突冒""楼船""桥舡(chuán船)"等多种舰艇。艅艎又写作"余皇",是王侯乘坐的大型战船,战时作为指挥旗舰。据古书记载,艅艎船首绘有鹢(yì 益)鸟的图案,有优良的航行性能。水军的主要战舰

第四章　船

是三翼,即大翼、中翼和小翼。其中大翼长10丈,阔1.5丈,可以载士卒90多人,有较高的航行速度。吴国就是凭借这些战船先后在汉水和太湖大败楚、越两国的。后来勾践卧薪尝胆,越国灭吴时的战船已经发展到300艘之多。

秦汉时期,我国造船业的发展出现了第一个高峰。汉朝时,以楼船为主力的水师十分强大。楼船是汉朝有名的船型,它的建造和发展标志着汉代造船技术的高超。楼船顾名思义,就是有楼的船,高10余丈,甲板上建楼数层,每层都有防御敌方射来的弓箭矢石的女墙(即矮墙),女墙上开有用作发射弓弩攻击敌方的窗孔。为了防御敌方火攻,船上

汉代楼船

被蒙上皮革。在楼船上还遍插旗幡,刀枪林立,以壮声势。1975年,考古工作者发现广州有一处秦汉时期的造船遗址,可以同时建造数艘重量达五六十吨的木船。此外,在今陕西、四川、安徽、浙江、江西等地,也都有秦汉的造船工场。

秦汉造船业的发展,为后世造船技术的进步奠定了坚实的基础。三国时期孙吴所据之江东,历史上

车　船

就是造船业发达之地。吴国造的战船，最大的上下五层，可载3000名战士。孙吴曾多次派出大船队远航辽东及南海海域。孙吴的民船业也很发达。这些大船选材考究，多用上好硬木制成，极为坚固。到南朝时，江南已发展到能建造1000吨的大船。为了提高航行速度，南齐大科学家祖冲之又造出装有桨轮的船舶，称为"车船"。这种船利用人力以脚踏车轮的方式推动船的前进。这是一项伟大的发明，为后来船舶动力的改进提供了新的思路，在造船史上占有重要地位。

唐宋时期是我国古代造船史上的第二个高峰时期。从此以后，我国古代造船业的发展开始成熟起来。秦汉时期出现的造船技术，如船尾舵、高效率推进工具橹以及风帆的有效利用等等，到了这个时期都得到了进一步发展和完善，而且创造了许多更加先进的造船技术。隋朝是这一时期的开端，虽然时间不长，但造船业很发达，甚至建造了特大型龙舟。我国封建帝王都自命为真龙天子，他们要借助龙威来加强自己对老百姓的控制和统治。隋朝的大龙舟采用的是榫接结合铁钉钉联的方法。用铁钉比用木钉、竹钉联结

第四章　船

要坚固牢靠得多。隋朝已广泛采用了这种先进方法。到了唐宋时期，无论从船舶的数量上还是质量上，都体现出我国造船事业的高度发展。

具体来说，唐宋时期造船业的特点和变化，主要表现在以下几个方面：一是船体不断增大，结构也更加合理。唐宋时期建造的船体两侧下削，由龙骨贯串首尾，船面和船底的比例约为10∶1，船底呈V字形，也便于行驶；二是造船数量不断增多。唐宋时期造船工场明显增加。唐朝的造船基地主要在宣（宣城）、润（镇江）、常（常州）、苏（苏州）、湖（湖州）、扬（扬州）、杭（杭州）、越（绍兴）等地。这些造船基地设有造船工场，能造各种大小河船、海船、战舰；三是造船工艺越来越先进。唐朝舟船已采用了先进的钉接榫合的联接工艺，使船的强度大大提高。而同一时期的欧洲国家的造船业，连接船板还仍使用原始的皮条绳索绑扎的办法。唐代大海船还建有水密隔舱。宋朝造船修船已经开始使用船坞，这比欧洲早了500年。宋代工匠还能根据船的性能和用途的不同要求，先制造出船的模型，并进而能依据画出来

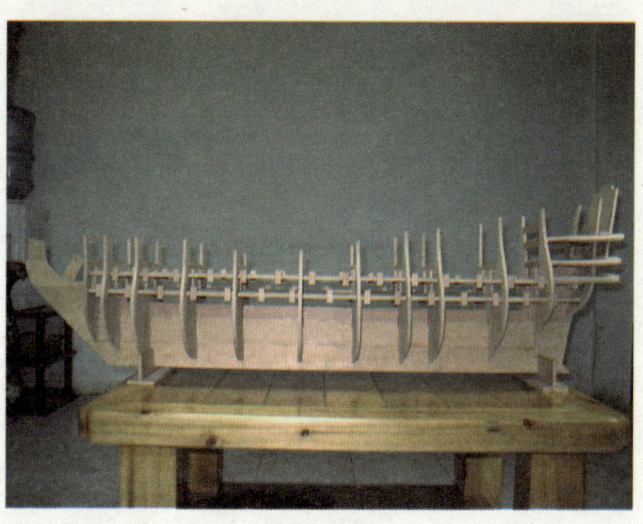

汉代楼船

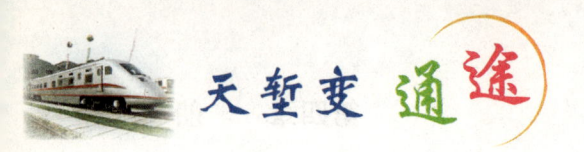

的船图，再进行施工。欧洲在16世纪才出现简单的船图，落后于中国三四百年。宋朝还继承并发展了南朝的车船制造工艺。车船是原始形态的轮船，船体两侧装有木叶轮，一轮叫做一车，人力踏动，船行如飞。除此之外，唐宋时期建造的舟船还有工艺先进、结构坚固、载量大、航运快、安全可靠等许多优点。从7世纪以后，中国远洋船队就日益频繁地出现在万顷波涛的大洋上。

明朝时期，我国造船业的发展达到了第三个高峰。元朝经办以运粮为主的海运，又继承和发展了唐宋的先进造船工艺和技术，因此大量建造了各类船只，其数量与质量远远超过前代。元朝初期仅水师战舰就已有17 900艘，此外还有大量民船分散在全国各地。元朝还在江海水陆要地设水驿站424处，共有邮递专用船5921艘。这些都充分说明元朝造船能力之强。元朝造船业的大发展，为明代建造五桅战船、六桅座船、七桅粮船、八桅马船、九桅宝船创造了十分有利的条件，迎来了我国造船业的新高潮。

明朝时期，造船的工场达到了我国古代造船史上的最高水平。主要的造船场有南京龙江船场、淮南清江船场、山东北清河船场等，它们规模都很大。明朝造船工场有与之配套的手工业工场，加工帆篷、绳索、铁钉等零部件，还有木材、桐漆、麻类等的堆放仓库。当时造船材料的验收，以及船只的修造和交付等，也都有一套严格的管理制度。正是有了这样雄厚的造船业基础，才会有明朝的郑和七次下西洋的远航壮举。郑和船队的宝船，大者长达44丈，宽18丈。当时先进的航海和造船技术包括水密隔舱、罗盘、计程法、测探器、牵星板以及线路的记载和海图的绘制等，应有

第四章 船

船坞

尽有。

近代中国造船业发展迟缓。1865—1866年，清政府相继创办江南制造总局和福州船政局，建造了"保民""建威""平海"等军舰和"江新""江华"等长江客货船。

新中国成立后，船舶工业有了很大发展，20世纪50年代建成一批沿海客货船、货船和油船。60年代以后，中国的造船能力提高得很快，陆续建成多型海洋运输船舶、长江运输船舶、海洋石油开发船舶、海洋调查船舶和军用舰艇，大型海洋船舶的吨位已达30万以上载重吨。除少数特殊船舶外，中国已能设计制造各种军用舰艇和民用船舶。

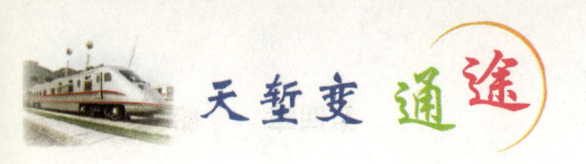

世界船的发展

在19世纪以前,船舶主要靠人工摇橹和风帆推进。1690年,法国的德尼·巴班提出用蒸汽机作动力推动船舶的想法,但当时还没有可供实用的蒸汽机,故设想无法实现。1769年,法国发明家乔弗莱把蒸汽机装上了船。但所装的蒸汽机既简陋又笨重,而且带动的又是一组普通木桨,航速很慢,未能显示出机动船的优越性。1783年,乔弗莱又建成了世界上最早的蒸汽轮船"波罗斯卡菲"号,但是航行30分钟后,船上蒸汽锅炉发生爆炸。1790年,美国的约翰·菲奇用蒸汽机带动桨划水,其效率极低,菲奇的发明没有受到人们的重视。1802

蒸汽轮船模型

第四章　船

年，英国人威廉·西明顿采用瓦特改进的蒸汽机制造成世界上第一艘蒸汽动力明轮船"夏洛蒂·邓达斯"号，在苏格兰的福斯——克莱德运河下水，试航成功。这是一艘9米长的木壳船，船中央装上西明顿设计的蒸汽机，推动一个尾部明轮。轮船的出现对拖船业主们是一个打击，他们以汽轮船产生较大的波浪为由，拼命反对。第一艘汽轮船被扼杀在摇篮里。

1804年，美国的约翰·史蒂芬森建成具有世界上最早有螺旋桨的轮船。1807年，"轮船之父"罗伯特·富尔顿设计出排水量为100吨、长45.72米、宽9.14米的汽轮船"克莱蒙特"号。船的动力是由72马力的瓦特蒸汽机带动车轮拨水，从此揭开了轮船时代的帷幕。它是世界上第一艘蒸汽轮船，奠定了轮船的地位。

1829年，奥地利人约瑟夫·莱塞尔发明了可实用的船舶螺旋桨，克服了明轮推进效率低、易受风浪损坏的缺点。此后螺旋桨推进器逐渐取代了明轮。蒸汽机船发明后，用蒸汽机为动力代替人力带动桨轮的方法被沿用了100多年之久。

1884年，英国发明家帕森斯设计出了以燃油为燃料的汽轮机。此后，汽轮机成为轮船的主要动力装置。轮船的发明和不断改进，使水上运输发生了革命性的变化。1894年，英国的帕森斯用他发明的反动式汽轮机作为主机，安装在快艇"透平尼亚"号上，在泰晤士河上试航成功，航速超过了60千米。1910年，出现了齿轮减速、电力传动减速和液力传动减速装置。在这以后，船舶汽轮机都开始采用了减速传动方式。1902—1903年，法国建造了一艘柴油机海峡小船。1903年，俄国建造的柴油机船"万达尔"号下水。20世纪中叶，柴油机

天堑变通途

泰晤士河

动力装置开始成为运输船舶的主要动力装置。当代海军力量较强的国家，在大、中型船舰中，除功率很大的采用汽轮机动力装置外，几乎都采用燃气轮机动力装置。在民用船舶中，燃气轮机因效率比柴油机低，用得很少。

原子能的发现和利用又为船舶动力开辟了新途径。1954年，美国建造的核潜艇"鹦鹉螺"号下水，功率为11 025千瓦，航速33千米。

1959年，前苏联建成了核动力破冰船"列宁"号，功率为32 340千瓦。现有的核动力装置都是采用压水型核反应堆汽轮机，主要用在潜艇和航空母舰上，而在民用船舶中，由于经济上的原因没有得到发展。20世纪70~80年代，为了节约能源，有些国家吸收机帆船的优点，研制出一种以机为主、以帆助航、用电子计算机进行联合控制的船舶。日本建造的"新爱德丸"号

第四章 船

"鹦鹉螺"号核潜艇

便是这种节能船的代表。

各式各样的船

◆ 筏 子

筏，取材容易，制作简单，比较平稳，装载面积大，不怕水浅流急，能穿过急流险滩。所以，自从筏问世以来，一直被人们作为水上工具，在使用中不断完善。除了木筏以外，还有皮筏和竹筏，竹筏又叫竹排。我国江南有木筏、竹筏，它们既是交通工具，又是捕鱼的鱼船。在我国西藏高原上盛产牦牛，藏胞用牛皮制成牛皮筏船，大的牛皮筏船可

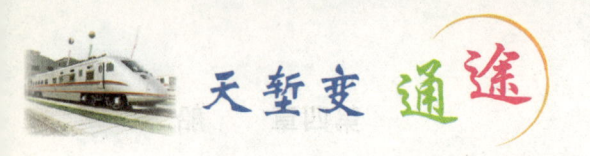

天堑变通途

筏　子

以容纳二十人。在山西、陕西黄河沿岸，人们用羊皮制成筏船。

◆独木舟

在遥远的古代，我们的祖先发现树叶、树干在水里会漂浮，又发现树干要比树叶负荷的重量大得多，树干越粗大，其所能承受的重量也越大。我们的祖先还发现，圆柱形的树干在水里会翻滚，很不稳定，人在上面根本无法活动。因此，祖先们用石斧、石锛、锸等工具，将圆圆的树干削平。后来，发现用火比石斧加工木材更为方便。祖先们便将树干上不需要挖掉的地方都涂上厚厚的湿泥巴，然后用火烧烤要挖掉的部分。这样，有湿泥巴的地方木材烧不掉，就被保留下

第四章　船

石　斧

来。没有湿泥巴的地方木材被烧成一层炭,再用石斧去砍。这样,烧了砍,砍了烧,就造出了独木舟。

在中国古代,独木舟大致有三种类型:一是平底独木舟,它的底是平的,或接近平底,头尾呈方形,没有起翘;二是尖头方尾独木舟,它的头部尖尖的,向上翘起,尾部是方的,它的底也是平的;三是尖头尖尾独木舟,它的舟头翘起,尾部也起翘。现在的舰船是从以上三种类型的独木舟演变过来的。

事实上,独木舟并不是中国独有的,国外一些地区也发现了不少独木舟。比如苏格兰境内佩斯地方的湖层里和瑞士及其邻近地区都曾经发现过独木舟。此外,印第安人的独木舟及波利尼希人的双体独木舟也非常有名。印度还有一种奇特的独木舟,其船侧装有可以放置货物的横木板。新几内亚的独木舟更是奇怪,它可以几条横排在一起,上面用横梁固定,横梁上铺坐席,

天堑变通途

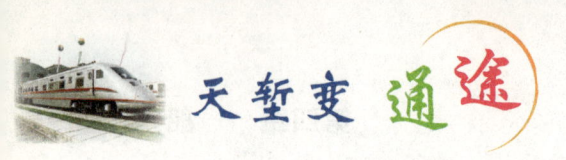

独木舟

还装有风帆,可以航海。

后来,独木舟逐渐演变成木板船和木结构船,直至今天的各类船舶。可以说,没有独木舟,就没有现代舰船。

交通知识小百科

大禹制作独木舟

传说在远古的尧、舜时期,古老的神州大地上洪水滔天,淹没了大片土地,先民的生存受到极大的威胁。为此,禹的父亲鲧(gǔn滚)接受帝尧的命令,治水九年,处处堵截,处处围挡,很是辛苦,但是没有

第四章　船

成功。后来禹又接受舜的命令负责治水，他吸取了前人的经验教训，采取了以疏导为主，辅之以拦蓄的综合治理方法。禹严格要求自己，"三过其门而不入"，处处以身作则。禹为了指挥治水工程，需要造一只大型的独木舟。他听说四川有一棵特大的梓树，直径达一丈多宽，就带着木匠去伐。树神知道后化成一个童子阻止砍伐。禹非常生气，严厉地谴责树神，砍下大树，并把它中间挖空，造了一条既宽大又灵巧的独木舟。禹乘坐这艘独木舟指挥治水工程，经过13年的努力，终于治服了洪水。

◆ 帆　船

帆船是指利用风力前进的船，现代帆船始于荷兰。1660年，荷兰的阿姆斯特丹市长将一条名为"玛丽"的帆船送给英国国王查理二世。1662年，查理二世举办了英国

帆　船

天堑变通途

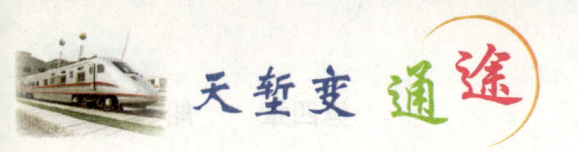

与荷兰之间的帆船比赛。1720年，爱尔兰成立皇家科克帆船俱乐部。1851年英国举行环怀特岛国际帆船赛。1870年美国和英国首次举行横渡大西洋的美洲杯帆船赛。

帆船分稳向板帆艇和龙骨帆艇两类。稳向板帆艇是世界最普及的帆船，轻快灵活，可在浅水中行驶，奥运会项目中的飞行荷兰人型、荷兰人型、470型、星型、托纳多型等均属此类；龙骨帆艇也称稳向舵艇，体大不灵活，但稳定性好，帆力强，只能在深水中行驶，奥运会项目中的暴风雨型、索林型等均属此类。

公元13世纪，西班牙人和葡萄牙人开始建造一种名叫"caravel"轻帆船，起初主要用作渔船，由于

高桅横帆船

第四章　船

性能良好，不久就广泛应用于其他方面。迪亚斯发现好望角、哥伦布发现新大陆、达·伽马穿过印度洋到达亚洲、麦哲伦完成第一次环球航行，用的都是这种船。但是，这里需要提到的是，欧洲人能够造出这样的船，与东方，尤其是中国的"长技"有很大的关系。

欧洲人从东方学去的第一件"长技"是阿拉伯水手的"三角帆"。欧洲人原来使用的一直都是"横帆"，即横向安置的方形帆。公元6世纪，由于受到印度洋、红海和波斯湾地区阿拉伯人"独桅三角帆船"的影响，地中海地区的水手逐渐改用这种比较容易操纵的三角帆来代替横帆。到公元9世纪，这一地区已经几乎见不到横帆的身影了。

欧洲人学去的第二件"长技"是"纵帆"。中国人早在战国时代就已经使用这种帆了，但直到13世纪才被欧洲人学去。此前他们从阿拉伯水手那里学去的三角帆虽然比较容易操纵，但仍然是横向安置的，只能利用顺风，在刮定向季节风的印度洋北部好用，在风向不定的地中海和其他欧洲海域就不大适用。纵帆利用分力、合力原理，可以"船驶八面风"。

欧洲人学去的第三件"长技"是舵。前面提到了纵帆，利用纵帆有一个必要条件，就是要能灵活调整船头方向。在中国，那是通过使用安置在船尾的舵来实现的。但是，舵直到公元12世纪时才传到欧洲。此前欧洲人一直用侧桨来控制方向，远不如使用舵来得容易。哥伦布发现新大陆并在那里掠夺大量财富之后，欧洲人开始建造比较大的船。大约从16世纪中叶开始，西班牙组织了庞大的船队，每年两次往返于大西洋东西海岸之间，从美洲殖民地运回掠夺的财宝。后来，

天堑变通途

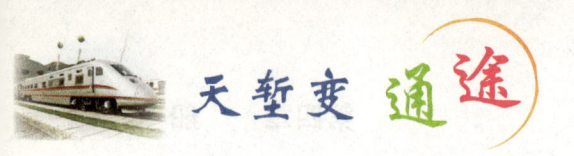

海上帆船

随着新大陆甘蔗、棉花、烟草种植园经济的建立与发展，货物运输量大增，大西洋上的船队运输变得更加繁忙。从1650年起，大西洋进入一个海战频繁的时代，西班牙、葡萄牙、荷兰、法国、英国等欧洲殖民国家以及"占岛为王"的海盗，把大西洋变成了一个大战场。为了保护运输船队免受海盗及其他国家船只的袭扰，西班牙人建造了一种名叫"galleon"的战船，它实际上是在"caravel"的基础上发展起来的大型多桅帆船。在以蒸汽机为动力、螺旋桨为推进器的轮船出现以前，大型多桅帆船一直是欧洲商船和战船的主要船型。

欧洲人学去的第四件"长技"是水密隔舱。1795年，受命为英国皇家海军造船的萨缪尔·边沁从东方引进了水密隔舱。使用水密隔舱不但大大增加了船体强度，更重要的是不至于一处破损就水漫全船，难以封堵。有了水密隔舱，欧洲船舶可以说已经达到帆船时代的最高

第四章 船

水平。

欧洲人学去的第五件"长技"是把船体的最宽处放在中部靠后的位置了。在船型设计上，欧洲人和我们一样都利用了仿生学原理，把船体设计成流线型。但是欧洲人设计船型时模仿的是鱼，而中国人模仿的是水鸟。因此，欧洲人船体的最宽处在中部靠前的地方，而中国船体的最宽处却在中部靠后。后来的流体力学研究证明，中国人的做法更科学。因此，西方的船舶后来也像中国那样，把最宽处放在中部靠后的位置。

总之，除了中国古代"四大发明"之一的罗盘之外，我们对造船与航海技术还有许多重要贡献。欧洲人从东方学去的五项技术里，四项都源于中国，而这些技术对他们帆船时代的造船与航海都起到了非常重要的作用。如今，除体育运动外，已基本上见不到帆船的身影，但舵、水密隔舱、船体形状这三项技术仍在继续应用，而且还会一直应用下去。

交通通讯小百科

陆、帆船安全须知

1. 先确定天气、海流、水流、风向、潮汐等影响因素；
2. 务实、航程规划及船艇检查；
3. 切勿单独行动；

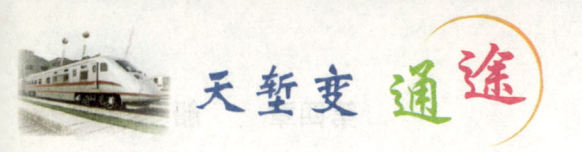

4. 穿着救生衣及安全索具，以防落水意外；

5. 甲板行走时，应走在上风侧；

6. 预留救生支持管道；

7. 衡量自己体力的负荷程度；

8. 如遇难于水上漂流时，勿放弃风帆，以利救援。

◆ 轮　船

"轮船"一词始于我国唐代，它的出现与船的动力改革有关。不用风帆而用蒸汽轮机做前进动力的船叫蒸汽船。蒸汽船使用的燃料是煤，蒸汽船外面有一个大轮子，所以也叫"轮船"。

在我国南北朝时期，已发明了轮船。轮船以船侧轮子的转动代替划桨，以轮激水前进。古时

轮　船

第四章　船

轮船

轮船还被称为车船、车轮轲。据记载，祖冲之发明千里船，在建康（南京）新亭江试航，日行百余里。唐代时，李皋发明了"桨轮船"。他在船的舷侧或艉部装上带有桨叶的桨轮，靠人力踩动桨轮轴，使轮周上的桨叶拨水推动船体前进。因为这种船的桨轮下半部浸入水中，上半部露出水面，所以称为"明轮船"或"轮船"，以便和人工划桨的木船、风力推动的帆船相区别。宋代，火药与轮船成为两项最重要的军事武器。据史料记载，1129年，宋将韩世忠在镇江黄天荡战役中"用飞轮八楫"有力打击金人完颜亮；在采石矶战役中，宋将虞允文的轮船战舰使金兵甚是恐惧等史事，都从侧面证明了轮船的发展。

在19世纪以前，船舶主要靠人工摇橹和风帆推进。1690年，法国的德尼·巴班提出用蒸汽机作动力推动船舶的想法。1769年，法国发明家乔弗莱把蒸汽机装上了船。但所装的蒸汽机既简陋又笨重，而且带动的又是一组普通木桨，航速很慢，未能显示出机动船的优越性。1783年，乔弗莱又建成了世界上最早的蒸汽轮船"波罗斯卡菲"号，但是航行30分钟后，船上蒸汽锅炉发生爆炸。1790年，美国的约翰·菲奇用蒸汽机带动桨划水。1802年，英国人威廉·西明顿采用瓦特改进的蒸汽机制造成世界上第一艘蒸汽动力明轮船"夏洛蒂·邓达斯"号，试航成功。1804年，美国的约翰·史蒂芬森于建成具有世界上最早有螺旋桨的轮船。1807年，美国机械工程师罗伯特·富尔顿设计出"克莱蒙特"号，从此揭开了轮船时代的帷幕。1829年，奥地利人约瑟夫·莱塞尔发明了可实用的船舶螺旋桨，克服了明轮推进效率低、易受风浪损坏的缺点。此后螺旋桨推进器逐渐取代了明轮。蒸汽机船发明后，用蒸汽机为动力代替人力带动桨轮，沿用了100多年之久。1884年，英国发明家帕森斯设计出了以燃油为燃料的汽轮机。此后，汽轮机成为轮船的主要动力装置。轮船的发明和不断改进，使水上运输发生了革命性的变化。第二次世界大战之后，世界海运量年平均每10年翻一番。

◆气垫船

气垫船有一个充气的气垫，可使船体浮出水面航行，由于水的阻力减少，因此航行速度很快。气垫船并非只是在水上浮动，而是受气垫的支撑，可在水上、沼泽或陆地上移动。气垫船上带有巨大的风扇来形成气垫。

第四章　船

气垫船

◆军　舰

军舰是悬挂海军旗的各种舰艇的总称。可分为战舰和辅助舰船两大类。前者配有多种武器和观察、通讯、导航设备，能担负战斗任务，如航空母舰、巡洋舰、驱逐舰、鱼雷艇、潜艇等；后者配有一定的自卫武器，担任后勤补给、维修等工作，如运输船、修理船等。

航空母舰是最大的一种军舰。舰上有飞行甲板、飞机库、飞机弹射器以及保障飞机起落的辅助

153

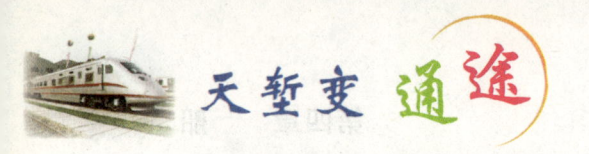

军舰

设备，能装载飞机数十架到百余架，它用来运载飞机、掩护船队和攻击潜艇。舰上还设有包括导弹在内的各种武器，以防敌舰和敌机的攻击。巡洋舰装有中口径的炮和鱼雷。导弹巡洋舰有导弹，可以用来攻击敌人的舰队、侦察敌情和掩护自己的船队，也可以单独作战。按其排水量吨位以及武器配备，又可以分为重巡洋舰和轻巡洋舰两种。潜艇的艇体有轻外壳和承受水压力的里层耐压壳，借其间水舱的注水和排水使潜艇下潜和浮起。它以导弹或鱼雷为主要武器，有深藏水下掩护自己，攻击敌人，独立作战的能力，也有很大的续航力。

第四章 船

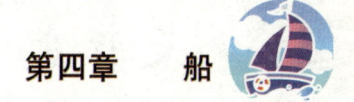

交通知识小百科

草船借箭的故事

"草船借箭"这则成语的意思是运用智谋,凭借他人的人力或财力来达到自己的目的。这个成语来源于《三国演义》中孔明用奇谋借箭的故事。

三国时期,曹操率大军想要征服东吴,孙权、刘备联合抗曹。孙权手下有位大将叫周瑜,智勇双全,可是心胸狭窄,很妒忌诸葛亮(字孔明)的才干。因水中交战需要箭,周瑜要诸葛亮在十天内负责赶造十万支箭,哪知诸葛亮只要三天,还愿立下军令状,完不成任务甘受处罚。周瑜想,三天不可能造出十万支箭,正好利用这个机会来除掉诸葛亮。于是他一面叫军匠们不要把造箭的材料准备齐全,另一方面叫大臣鲁肃去探听诸葛亮的虚实。鲁肃见了诸葛亮,诸葛亮说:"这件事要请你帮我的忙。希望你能借给我20只船,每只船上30个军士,船要用青布幔子遮起来,还要一千多个草把子,排在船两边。不过,这事千万不能让周瑜知道。"鲁肃答应了,并按诸葛亮的要求把东西准备齐全。两天过去了,不见一点动静,到第三天四更时候,诸葛亮秘密地请鲁肃一起到船上去,说是一起去取箭。诸葛亮吩咐把船用绳索连起来向对岸开去。那天江上大雾迷漫,对面都看不见人。当船靠近曹军水寨时,诸葛亮命船一字儿摆开,叫士兵擂鼓呐喊。曹操以为对方来进攻,又因雾大怕中埋伏,就从旱寨派六千名弓箭手朝江中放箭,雨点般的箭纷纷射在草把子上。过了一会,诸葛亮又命船掉过头来,让另一面受箭。太阳出来

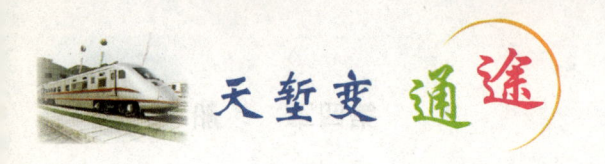

了，雾要散了，诸葛亮令船赶紧往回开。此时顺风顺水，曹操想追也来不及。这时船的两边草把子上密密麻麻地插满了箭，每只船上至少五、六千支，总共超过了十万支。鲁肃把借箭的经过告诉周瑜时，周瑜感叹地说："诸葛亮神机妙算，我不如他。"

第五章

飞机

天翻变通途

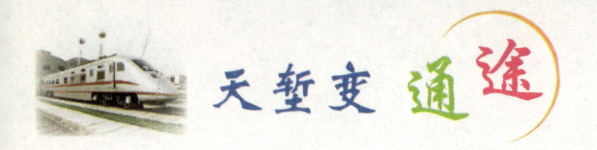

  自古以来，人类就梦想着能像鸟一样在太空中飞翔。2000多年前，中国人发明了风筝，虽然风筝不能把人带上太空，但它可以称得上是飞机的鼻祖。20世纪初，美国的莱特兄弟在世界飞机发展史上做出了重大的贡献。在当时，大多数人都认为飞机依靠自身动力想实现飞行绝不可能，而莱特兄弟确不这么认为。从1900年至1902年，他们进行了多达1000多次的滑翔试飞，终于在1903年制造出了第一架依靠自身动力进行载人飞行的飞机"飞行者"1号，并且试飞成功。

  飞机是人类在20世纪所取得的最重大的科学技术成就之一，有人将它与电视和电脑并列为20世纪对人类影响最大的三大发明。自从飞机发明以后，已日益成为现代文明不可缺少的运载工具。它深刻的改变和影响着人们的生活。飞机不仅广泛应用于民用运输和科学研究，还是现代军事的重要武器。

  在这一章里，我们就来一起谈一下飞机的相关知识。比如飞机的相关概念、飞机的发展历程、飞机的结构特点等等。下面，我们就先来谈一下飞机的相关概念。

风筝

第五章 飞 机

飞机的相关概念

◆ 飞机的定义

飞机指具有机翼和一具或多具发动机，靠自身动力能在大气中飞行的重于空气的航空器。严格地说，飞机是指具有固定机翼的航空器。之所以这样对飞机定义，是为了将其与滑翔机和旋翼机区别开来。固定翼飞机是目前最常见的航空器型态，其动力的来源包含活塞发动机、涡轮螺旋桨发动机、涡轮风扇发动机或火箭发动机等等。

飞机具有两个最基本的特征：

飞 机

天堑变通途

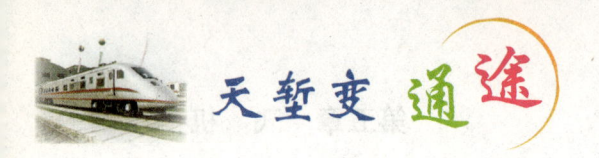

一是它自身的密度比空气大，并且它是由动力驱动前进；二是飞机有固定的机翼，机翼提供升力使飞机翱翔于天空。飞机的这两条特征缺一不可，不具备这两条特征的都不能称之为飞机。举例来说，如果飞行器没有动力装置，只能在空中滑翔，则被称为滑翔机；如果飞行器的密度小于空气，那它就是气球或飞艇；如果飞行器的机翼不固定，靠机翼旋转产生升力，就是直升机或旋翼机。

飞机不仅广泛应用于民用运输和科学研究，还是现代军事的重要武器，所以又分为民用飞机和军用飞机。民用飞机除客机和运输机以外，还有农业机、森林防护机、航测机、医疗救护机、游览机、公务机、体育机、试验研究机、气象机、特技表演机、执法机等。

◆ 飞机的分类

飞机可按组成部件的外形、数目和相对位置进行分类。按机翼的数目，飞机可以分为单翼机、双翼机和多翼机；按机翼相对于机身的位置，可分为下单翼飞机、中单翼飞机和上单翼飞机；按机翼平面形状，飞机可以分为平直翼飞机、后掠翼飞机、前掠翼飞机和三角翼飞机；按水平尾翼的位置和有无水平尾翼，飞机可以分为正常布局飞机（水平尾翼在机翼之后）、鸭式飞机（前机身装有小翼面）和无尾飞机（没有水平尾翼）。正常布局飞机有单垂尾、双垂尾、多垂尾和V型尾翼等型式。

飞机按用途可以分为战斗机、轰炸机、攻击机、拦截机；按推进装置的类型可以分为螺旋桨飞机和喷气式飞机；按发动机的类型可以分为活塞式飞机、涡轮螺旋桨式飞机和喷气式飞机；按发动机的数目

第五章 飞　机

第一架单翼机

可以分为单发飞机、双发飞机和多发飞机；按起落装置的型式可以分为陆上飞机、水上飞机和水陆两用飞机。

飞机还可按飞行性能进行分类：按飞行速度来分，飞机可以分为亚音速飞机、超音速飞机和高超音速飞机；按航程来分，飞机又可以分为近程飞机、中程飞机和远程飞机。

◆ 飞机的优点

和其他交通工具相比，飞机具有速度快、机动性高和安全舒适的优点。但是，作为一种交通工具，飞机也有其自身的局限性：一是价格昂贵。无论是飞机本身还是飞行所消耗的油料相对其他交通运输方式都高昂的多。二是容易受天气情况影响。比较严重的风、雨、雪、雾等气象条件都会影响飞机的起降安全。三是飞机的起降场地有限制。飞机必须在飞机场起降，一个城市最多不过几个飞机场，而且机场受周围净空条件的限制多分布在郊区。因此飞机只适用于重量轻、

天堑变通途

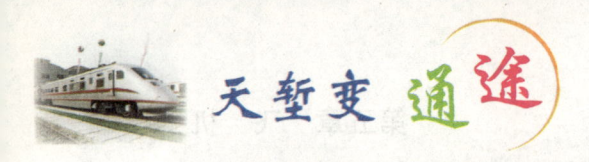

双翼机

时间要求紧急、航程又不能太近的运输。四是危险。虽然民航客机每亿客公里的死亡人数远低于其他运具，但在某些数据上飞机并不是非常安全，而且飞机的单次事故死亡率非常高。

交通知识小百科

飞机旅行防病须知

1. 防晕机。晕机呕吐是平衡器官紊乱，身体适应较差的缘故，一般只要保持镇静，排除杂念，服些防晕车船药就会平安无事。如果知道自己可能会晕机，最好在登机前15分钟服药。

第五章 飞 机

2.防旧病突发。由血栓或出血引起的脑病患者，绝对不要乘飞机；重度脑震荡病人应有专科医生随行并采取有效防范措施；轻度脑震汤病人应随身带些止痛药；患有血管硬化症的老年人在登机前可服少量镇静剂，感冒流涕和鼻塞不通的病人最好不乘坐飞机，因为咽鼓管阻塞有鼓膜穿孔的危险。

3.防航空性中耳炎。嚼吃是预防航空性中耳炎的最有效办法，如果感觉症状仍未消除，可用拇指和食指捏住鼻子，闭紧嘴巴，用力呼气，让气流冲开咽鼓管进入中耳空气腔而消除耳闷、耳重、耳痛等症状。

飞机的结构及原理

一般来说，飞机由机翼、机身、尾翼、起落装置和动力装置五个主要部分组成。

◆ 机 翼

机翼主要担负着为飞机提供升力，以支持飞机在空中飞行的任务。当然，机翼也能起到一定的稳定和操纵作用。在机翼上一般安装有副翼和襟翼。操纵副翼可使飞机滚转，放下襟翼能使机翼升力系数

机 翼

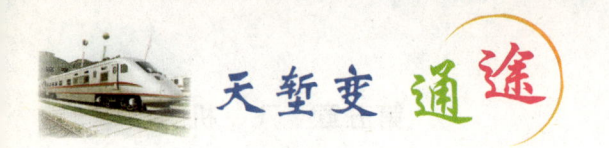

增大。另外，机翼上还可安装发动机、起落架和油箱等。飞机以双翼机甚至多翼机为主，但现代飞机一般是单翼机。

◆ 机　身

机身主要担负着装载乘员、旅客、武器、货物和各种设备，将飞机的其他部件如尾翼、机翼及发动机等连接成一个整体的任务。

◆ 尾　翼

尾翼包括水平尾翼（平尾）和垂直尾翼（垂尾）。尾翼的主要功用是用来操纵飞机俯仰和偏转，以及保证飞机能平稳地飞行。水平尾翼由固定的水平安定面和可动的升降舵组成。但是需要注意的是，某些型号的民用机和军用机整个平尾都是可动的控制面，没有专门的升降舵。垂直尾翼则包括固定的垂直安定面和可动的方向舵。

◆ 起落装置

起落装置又称起落架，用来支撑飞机并使它能在地面和其他水平面起落和停放。陆上飞机的起落装置，一般由减震支柱和机轮组成，此外还有专供水上飞机起降的带有浮筒装置的起落架和雪地起飞用的滑橇式起落架。滑橇式起落架是用于起飞与着陆滑跑、地面滑行和停放时支撑飞机的。一般的飞机起落架有三个支撑点，根据这三个支撑点的排列方式，往往分为前三角起落架和后三角起落架。其中，前三角起落架指前面一个支撑点，后面两个支撑点的起落架形式，使用此类起落架的飞机往往静止时仰角较小，在起飞时很快就可以达到很高的速度，当速度达到一定的值时，向后拉起操纵杆，压低水平尾翼，这时前起落架会稍稍抬起，瞬间机翼的两面风速差达到临界，飞机得到足够的升力后即可起飞；后三角

第五章 飞 机

飞机尾翼

起落架采用的是前面两个支撑点，后面一个支撑点的形式，使用此类起落架的飞机往往静止时仰角较大，当飞机在跑道上达到一定的速度的时候，机翼两面的风速差即可达到一个临界，此时后起落架会被抬起，驾驶员继续推油门杆，同时向后拉操作杆以控制飞机平衡，当速度达到一定的值时，飞机即可起飞。

◆动力装置

动力装置主要用来产生拉力或推力，使飞机前进。其次还可以为飞机上的用电设备提供电力，为空调设备等用气设备提供气源。动力装置除发动机外，还包括一系列保证发动机正常工作的系统，如燃油供应系统等。现代飞机的动力装置主要包括涡轮发动机和活塞发动机两种，应用较广泛的动力装置有四

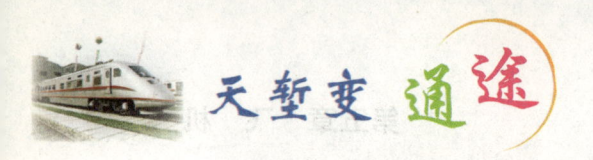

飞机仪表

种：航空活塞式发动机加螺旋桨推进器、涡轮喷射发动机、涡轮螺旋桨发动机、涡轮风扇发动机。随着航空技术的发展，火箭发动机、冲压发动机、原子能航空发动机等也有可能会逐渐被采用。

除了上述五个主要部分之外，飞机还装有各种仪表、通讯设备、领航设备、安全设备和其他设备等。

那么，飞机是依据什么原理起飞的呢？飞机的机翼上下两侧的形状是不相同的，上侧的要凸一些，而下侧的则要平一些。当飞机滑行时，机翼在空气中移动，从相对运动来看，等于是空气沿机翼流动。由于机翼上下侧的形状是不一样，在同样的时间内，机翼上侧的空气比下侧的空气流过了较多的路程（曲线长于

第五章 飞 机

直线），也即机翼上侧的空气流动得比下侧的空气快。根据流动力学的原理，当飞机滑动时，机翼上侧的空气压力要小于下侧，这就使飞机产生了一个向上的浮力。当飞机滑行到一定速度时，这个浮力就达到了足以使飞机飞起来的力量。于是，飞机就能够起飞了。

交通知识小百科

近年来的中国空难（一）

1982年4月26日，中国民航266号客机在广西恭城县上空失事。

1988年1月18日，中国西南航空公司伊尔-18-222号飞机执行北京—重庆航班任务时在重庆机场附近坠毁，108人遇难。

1992年7月31日，中国通用航空公司由南京飞往厦门的GP7552航班2755号雅克-42型飞机起飞滑跑途中冲出跑道，在距机场约600米处失事。107人死亡，19人受伤。

1992年11月24日，中国南方航空公司波音737—2523号飞机执行3943航班任务，由广州飞桂林，在广西阳朔县杨堤乡土岭村后山粉碎性解体，141人遇难。这是中国民航史上最严重的一次空难。

1993年7月23日，中国西北航空公司BAe146型2716号飞机执行银川至北京航班任务，在银川机场起飞时冲入水塘，54人遇难，机组3人受伤。

天堑变通途

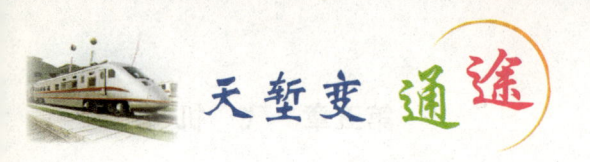

　　1994年6月6日，中国西北航空公司图-154型2610号飞机，执行西安-广州2303号航班任务，在陕西省长安县鸣犊镇坠毁160人遇难。

　　1997年5月8日，中国南方航空有限公司深圳公司波音737-300型B2925号飞机执行重庆深圳3456航班任务，在恶劣天气中强行降落深圳黄田机场，着陆过程中失事。机上旅客65人，其中死亡33人，重伤8人，轻伤20人；空勤组9人，其中死亡2人，重伤1人，轻伤6人。

空难

第五章 飞 机

飞机的发展历程

1903年，美国的莱特兄弟制造出了第一架依靠自身动力进行载人飞行的飞机"飞行者"1号，并且试飞成功。1909年，他们获得美国国会荣誉奖。同年，他们创办了"莱特飞机公司"。这是人类在飞机发展的历史上取得的巨大成功。

最初的飞机一般使用单台发动机，因此在飞行中发动机常常会突然关车。这对飞行安全来说是个很大的威胁。1911年，英国的肖特兄弟申请了多台发动机设计的专利。他们的双发动机系统，能使每一个飞行员都不用担心因发动机停车而使飞机下降。这在航空安全方面是一个重大的进展。

1903年12月17日，莱特兄弟驾驶他们制造的飞行器员进行首次持续的、有动力的、可操纵的飞行。

1927年至1932年中，座舱仪

莱特兄弟

天堑变通途

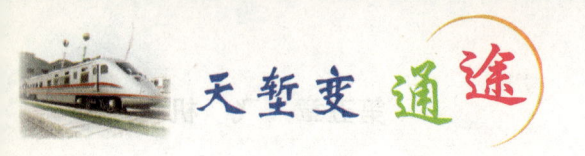

表和领航设备的研制取得进展，陀螺技术应用到飞行仪表上。这个装在万向支架上的旋转飞轮能够在空间保持定向，于是成为引导驾驶员能在黑暗中、雨雪天中飞行的各种导航仪表的基础。这时飞机上出现了人工地平仪，它能为飞行员指示飞机所处的飞行高度；陀螺磁罗盘指示器，在罗盘上刻有度数，可随时显示出航向的变化；地磁感应罗盘，它不受飞机上常常带有的大量铁质东西的影响，也不受振动和地球磁场的影响。另外还有灵敏度高、能测出离地30多米的高度表和显示飞机转弯角速度的转弯侧滑仪，以及指示空中航线的无线电波束。这些仪器都是用来引导驾驶员通过模糊不清的大气层时的手段。

1910年12月10日，在法国巴黎展览会上，有一架飞机使用新型发动机。设计者是罗马尼亚人，名叫亨利·科安达。他设计的发动机是用一台50马力的发动机使风扇向后推动空气，同时增设一个加力燃烧室，使燃气在尾喷管中充分膨胀，以此来增大反推力。这就是最早的喷气发动机。

20世纪30年代后期，活塞驱动

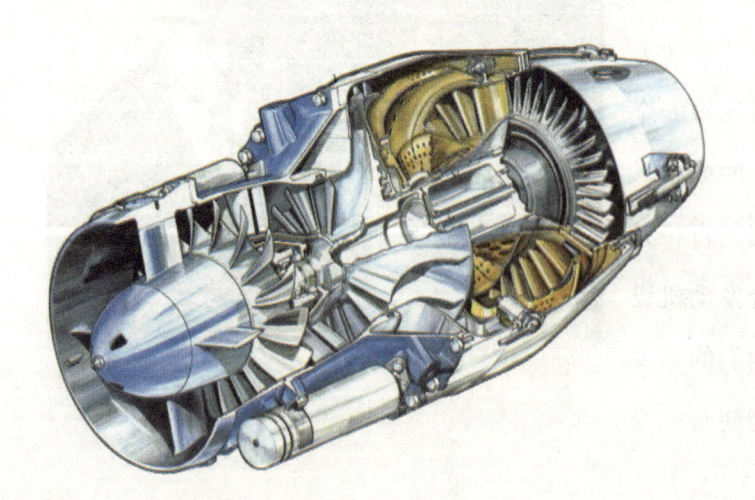

喷气发动机

第五章 飞 机

的螺旋桨飞机的最大平飞时速已达到700千米,俯冲时已接近音速。音障的问题日益突出。前苏、英、美、德、意等国大力开展了喷气发动机的研究工作。德国设计师,奥安在新型发动机研制上最早取得成功。1934年奥安获得离心型涡轮喷气发动机专利。1939年8月27日,奥安使用他的发动机制成He-178喷气式飞机。

1947年10月14日,美国贝尔公司试飞能冲破音障的飞机。这架小飞机命名为X-1火箭飞机。这台飞机装有4台火箭发动机,总推力2700千克,使用的燃料是危险的液氢和酒精。当B-29轰炸机把它从空中放下的时候,它的4台火箭发动机相继点火,声如雷鸣。

飞机的发明,使人们在普遍受益的情况下又产生了新的不满足。飞机起飞需要滑跑,需要修建相应的跑道和机场。这就带来了诸多不便,于是有人开始探索可以进行垂直起落的飞行器,通称直升机。

1939年9月14日世界上第一架实用型直升机诞生,它是美国工程师西科斯基研制成功的VS-300直升机。西科斯基制造的VS-300直升机,有1副主旋翼和3副尾桨,后来经过多次试飞,将3副尾桨变成1副,这架实用型直升机从而成为现代直升机的鼻祖。

VS-300直升机诞生之后,影响巨大。从20世纪50年代开始,直升机的制造技术发展迅猛。50年代中期以前,直升机的动力装置处在活塞式发动机时期,此后就进入了喷气涡轮轴时期。旋翼材料结构技术也经历了几个阶段:40年代至50年代为金属木翼混合结构;50年代中期至60年代中期为金属结构;60年代中期至70年代中期为玻璃纤维结构;70年代中期以后发展成为新型复合材料结构。

天堑变通途

直升机

　　20世纪20年代，飞机开始载运乘客，第二次世界大战结束初期美国开始把大量的运输机改装成为客机。60年代以来，世界上出现了一些大型运输机和超音速运输机，逐渐推广使用涡轮风扇发动机。著名的有前苏联生产的安-22、伊尔-76；美国生产的C-141、C-5A、波音-747；法国的空中客车等。超音速运输机有英法联合研制的"协和"式和原苏联的图-144。然而，超音速客机的发展并不乐观。

　　飞机发明以后，日益成为现代文明不可缺少的运载工具。它深刻的改变和影响着人们的生活。由于发明了飞机，人类环球旅行的时间大大缩短了。世界上第一次环球

第五章 飞 机

旅行是16世纪完成的，足足用了3年时间才环绕地球一周。飞机发明以后，人们进行环球旅行仅仅用了94个小时。超音速飞机问世以后，人们飞得更高更快。1979年，英国人普斯贝特只用14个小时零6分钟，就环绕地球一周。

早在20世纪20年代，航空运输就开设了定期航班，运送旅客和邮件。如今，空中航线更是四通八达。飞机把不同地区的不同种族、不同肤色的人们紧密地联系起来。通过不断地交流，人们播种友谊，传达信息，达到相互沟通，相互理解和相互促进，共同推进人类的文明。

飞机的发明也使航空运输业得到了空前发展，许多为工业发展所需的种种原料拥有了新的来源和渠道，大大减轻了人们对当地自然资

地质勘探

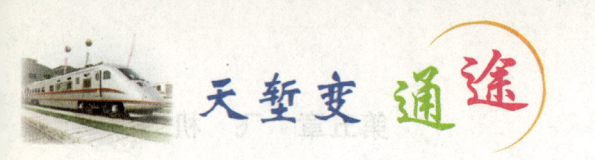

源的依赖程度。特别是超音速飞机诞生以后，空中运输更加兴旺。

飞机还被广泛应用于地质勘探。人们使用装备了照相机或者一种称为肖兰系统的电子设备的飞机，可以迅速而准确地对广大地区，包括险峻而难以到达的地方进行测绘。把空中拍摄的照片一张张拼接起来，就可以绘制极好的地形图。这比古老的测绘方式要简便易行得多。即使是令探险人员难以涉足的北极和南极，有了飞机以后也可以毫不困难地到达。

此外，飞机在现代战争中也发挥着巨大的作用。它不仅可以用于侦察、轰炸，而且在预警、反潜、扫雷等方面也极为出色。当然，飞机在军事上的应用也给人类带来了惨重的灾难，对人类文明产生了毁灭性的破坏。

交通知识小百科

近年来的中国空难（二）

1998年2月16日，中国台湾"中华航空公司"一架A300-600客机在台北机场降落时撞入附近建筑，共造成机上196名乘员和地面7人丧生。这也是台湾地区有史以来的最大空难。

1999年2月24日，中国西南航空公司图154—2622号飞机在执行成都至温州航班任务时坠毁，61人遇难。

第五章 飞 机

空难残骸

2000年5月22日，湖南省长沙市一架隶属于远大空调有限公司的贝尔206-b型直升飞机坠入湘江，造成包括飞行员在内的两人死亡，三人受伤。远大公司是国内首家购置公务飞机的民营企业，该公司1997年购买喷气飞机曾在国内引起较大反响。

2000年6月22日，武汉航空公司一架从湖北恩施至武汉的运七型客机，在武汉郊区坠毁，武汉空难客机坠地时将汉江南岸一泵船撞毁，当时在船上作业的7人全部遇难。这样，加上机上的42名死者，此次空难中共有49人死亡。

2002年4月15日，中国国际航空公司CA129北京－釜山航班在韩国庆尚南道金海市坠毁。机上共有155名乘客和11名机组人员，确定死亡人数为122人，失踪6人，幸存者38人。

2002年5月7日，中国北方航空公司一架麦道82飞机在大连附近海域坠毁。机上103名乘客和9名机组人员全部罹难。

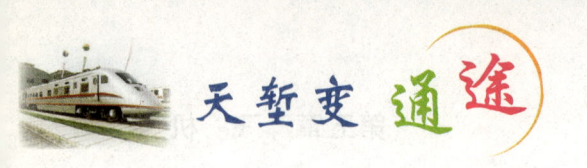

飞机制造商

◆波音公司

波音公司前身是1916年由威廉·波音创立的太平洋航空制品公司，1912年取得美国国防部订货，专门制造军用飞机，1934年建立波音飞机公司，1961年改为波音公司。

波音公司建立初期以生产军用飞机为主，并涉足民用运输机。其中，P-26驱逐机以及波音247型民用客机比较出名。1938年研制开发的波音307型是第一种带增压客舱的民用客机。20世纪30年代中期，波音公司开始研制大型轰炸机，包括在第二次世界大战中赫赫有名的B-17、B-29轰炸机，以及东西方冷战时期著名的B-47和B-52战略轰炸机，B—52服役后30多年中一直是美国战略轰炸力量的主力。美国空军中比较出名的KC—135空中加油机以及E-3预警机也是由波音公司生产。20世纪60年代以后以后，波音公司的主要业务由军用飞机转向商用飞机。1957年，在KC-135空中加油机的基础上研制成功的波音707是该公司的首架喷气式民用客机。此后，喷气式商用飞机先后发展了波音727、波音737、波音747、波音757、波音767等一系列型号，逐步确立了全球主要的商用飞机制造商的地位。其中，波音737是在全世界被广泛使用的中短程民航客

第五章 飞 机

波音747

机。波音747一经问世就长期占据着世界最大的远程民航客机的头把交椅。

1997年，原波音公司与原麦克唐纳·道格拉斯公司（麦道公司）完成合并，新的波音公司正式营运。这么多年来，波音一直是全球最主要的民用飞机制造商，同时也是军用飞机、卫星、导弹防御、人类太空飞行和运载火箭发射领域的全球市场领先者。

为满足用户的需求，波音始终致力于不断研发新产品，探索新技术，创造民用飞机新产品；为美国空军研制、生产、支持和改造飞机；制造能够将重达14吨载量送入

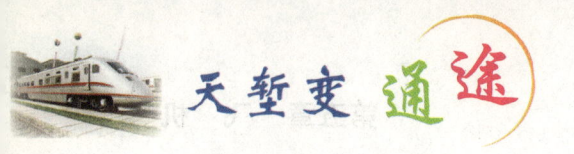

轨道的运载火箭；以及通过先进的卫星网络改进全世界人民的通信状况。波音秉承着长期的传统，精益求精、孜孜不倦地研发新技术和新发明。

◆ 麦道飞机公司

麦道飞机公司是美国一个飞机制造商，其创立人是詹姆斯·史密斯·麦克唐纳和唐纳德·威尔士·道格拉斯。麦克唐纳和道格拉斯都是麻省理工学院的毕业生，也都曾在马丁飞机公司工作。1920年，道格拉斯在洛杉矶建立戴维斯-道格拉斯公司。1921年，他将其合作人的股份买下来后将公司的名称改为道格拉斯飞机公司。1938年，麦克唐纳也在密苏里州的圣路易斯附近建立了自己的公司——麦克唐纳飞机公司。

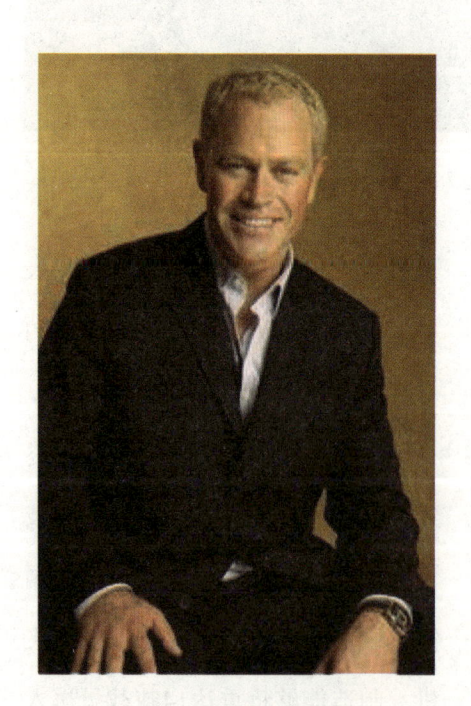

第二次世界大战中，道格拉斯无疑是个赢家。从1942年到1945年道格拉斯飞机公司造了近三万架飞机，其职员增加到16万人。战后两家公司都因政府订货的停止和飞机过多而受挫。两家公司都大减人员，其中道格拉斯解雇了将近10万人。

不过，道格拉斯仍然继续发展新飞机，其中包括非常成功的四引擎飞机DC-6（1946年）和他们的最后一架螺旋桨民用飞机DC-7

詹姆斯·史密斯·麦克唐纳

第五章 飞 机

DC-8

（1953年）。此后其公司转向发展喷气式飞机，它们的第一架喷气式飞机是军用的。同时，道格拉斯也开始制造民用喷气式飞机，并于1958年推出DC-8与波音707竞争。

朝鲜战争使麦克唐纳成为重要的军用飞机提供者，其公司制造的F-4幽灵II非常畅销（1958年）。通过FH幽灵，麦克唐纳飞机公司成功地成为了海军的主要供货者，此后的F2H、F3H魔鬼和F-101伏也都包括在内。

道格拉斯受DC-8和DC-9的牵连，两个公司开始考虑合并。1963年双方开始谈判。1967年4月28日，两个公司正式合并成立麦道飞机公司。1968年麦道飞机公司开始生产DC-10，1971年首架交付。1977年公司开始推出后来称为MD-80的DC-9后代系列。从1986年开始共售出200架MD-11，但麦道与波音合并后MD-11不再出售，因为它原本是为与波音777竞争而设计的。麦道的最后一架飞机是

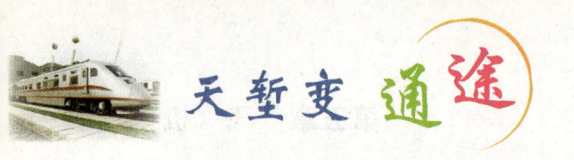

波音717

1988年推出的MD-90。MD-90比MD-80长。MD-95是一种缩短了的MD-90，它是与波音合并后唯一还被生产的麦道飞机（后被改名为波音717）。

麦道飞机公司也生产了不少成功的军用飞机，包括1974年生产的F-15鹰式战斗机和1975年生产的F/A-18黄蜂式战斗攻击机，以及BGM-109战斧式巡航导弹。1970年，石油危机爆发，麦道飞机公司开始使其产品多样化来减轻石油危机的影响。1984年，麦道飞机公司收购了修直升飞机的公司并将它改名为麦道直升飞机公司。

◆ 空中客车公司

空中客车公司又称空中巴士，是欧洲一家飞机制造公司，1970年成立于法国。其创立的公司来自

第五章 飞 机

国家包括有德国、法国、西班牙与英国。空中客车公司由欧洲两个最大的军火供应制造商欧洲航空防务航天公司和英宇航系统公司共同拥有。前者占据公司80%的股份，后者占据公司20%的股份。

在20世纪60年代，欧洲飞机制造商之间的竞争和美国一样激烈，空中客车公司创建的初衷也就是为了同波音和麦道那样的美国公司竞争。在60年代中期，便开始了关于欧洲合作方法的试验性谈判。1967年9月，英国、法国和德国政府签署一个谅解备忘录，开始进行空中客车A300的研制工作。这是继协和飞机之后欧洲的第2个主要的联合研制飞机计划。

空中客车公司虽然在其他机型上都有与波音公司竞争的机型，但在大型远程民用运输机这个市场上一直是一个空白，虽然曾推出空中客车A340，但仍然不能与波音747

空中客车A340

天堑变通途

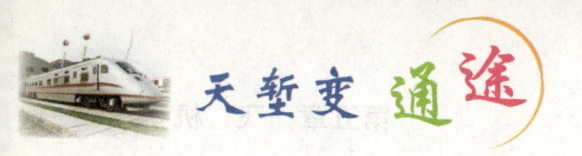

相提并论。为了抢夺波音747把持的大型客机市场,空中客车公司提出"枢纽/辐射"的理念,即旅客通过支线航班汇聚到枢纽机场,再由大型运输机运送到另一枢纽机场,最后再乘坐支线客机到达目的地。空中客车公司认为,改善21世纪空中交通拥挤的最好办法是增加运力。

1990年代早期,空中客车公司开始进行超大型客机的研发计划,除了完善机种,填补超大型客机的空白外,还希望藉以打破波音747在超大型客机市场的垄断。1993年1月,波音与数家空中客车的合伙飞机制造商开始共同研究超大型商用飞机的可行性,并以合作建造的形式为目标。1994年

空中客车A340

第五章 飞 机

6月，空中客车公司宣布了其超大型运输机计划，最初该计划被称为"A3XX"。A3XX将与VLCT计划和波音的747后继者——747X竞争，747X计划将波音747上层客舱加长以容纳更多乘客。可是，VLCT计划于1996年7月终止，波音公司亦于1997年终止747X计划。

2000年12月，欧洲空中客车集团的主要持股者——欧洲航天国防集团与英国航天集团共同宣布，通过投资88亿欧元的A3XX计划，并将名称改为"A380"。

交通知识小百科

近年来的中国空难（三）

2002年5月25日，台湾"中华航空公司"CI611班机在澎湖附近海域坠机，机上乘客和机组人员共225人全部死亡。

2004年5月18日上午，一架阿塞拜疆货机在新疆乌鲁木齐机场附近坠毁，机组7人全部遇难，其中乌克兰籍6人，阿塞拜疆籍1人。

2004年5月28日，一架南非小型飞机在湖南省长沙附近失事，飞机上仅有的一名南非籍飞行员遇难。

2004年6月30日，一架歼七军用飞机在训练返程中因遇雷雨发生故障，在距武汉市区约80千米处坠毁，造成地面人员（儿童）1死1伤，并烧毁了两间民房，飞行员跳伞后安全着陆。

天堑变通途

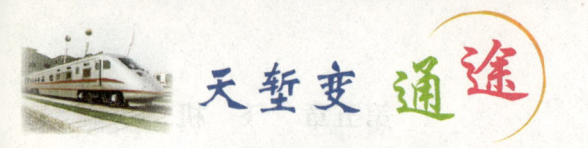

包头空难

　　2004年9月16日，下午15时左右，一架执行航拍任务的直升机在浙江余姚玉石园附近坠毁，机上机组人员加上乘客共7人，4死3伤。

　　2004年11月21日8时21分，东航云南分公司（其前身为中国云南航空公司）的B-3072号CRJ-200型飞机由内蒙古自治区包头市飞往上海市的MU5210航班，在起飞后不久坠入机场附近南海公园的湖里。这次空难共造成55人遇难，直接经济损失1.8亿元。

　　2008年5月31日下午，成都军区抗震救灾部队一架米-171运输直升机，在执行运送第三军医大学防疫专家到理县的任务返回途中，在汶川县映秀附近因高山峡谷局部气候瞬时变化，突遇低云大雾和强气流失事。机

第五章 飞 机

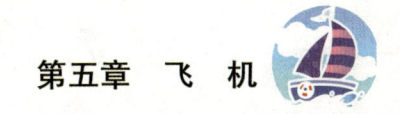

上机组人员5人和因灾受伤转运的群众及相关人员共14人全部遇难。

◆ 巴西航空工业公司

巴西航空公司成立于1969年8月19日，该公司现已跻身于世界四大民用飞机制造商之列，成为世界支线喷气客机的最大生产商。近几年公司销售额年均增长55%，已连续两年成为巴西最大的出口商。2000年，公司出口总额已达24亿美元，实现纯利3亿美元。迄今，公司已向45个国家交付5300多架各类飞机，其支线飞机销往美国、英国、法国、意大利、摩洛哥、墨西

交错的喷气式飞机

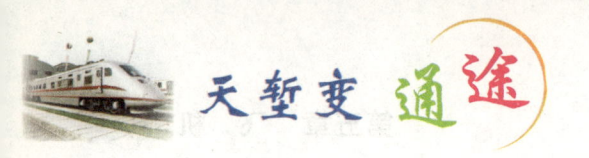

哥、南非等20多个国家，占据了世界支线飞机45%的市场份额。截至2001年2月，公司已获得1561架民用喷气飞机订单（总价值241亿美元）。

巴西航空工业公司主要针对商用、军用和公务机型领域中具有高度增长潜力的特定市场，已经发展成为世界上最大的飞机制造商之一。一直以来，巴西航空工业公司不断地将成功的飞机平台融入到新产品的研发中。如果新的技术能够为运营商降低购置价格、减少直接运营成本，或者提供更高的可靠性、舒适性和安全性，巴西航空工业公司都会将其引入到设计开发

喷气式飞机

第五章 飞　机

中。因此，巴西航空工业公司的飞机具备了优异的性能和久经验证的可靠性，而飞机的价格、运营和维护成本也极具竞争力。同等重要的是，巴西航空工业公司为客户提供了一整套的产品服务，包括完整的飞机和售后部件维护和技术支持。截至2009年6月30日，巴西航空工业公司累计确认定单储备总价值为198亿美元。目前公司共有员工1 237人（不包括葡萄牙奥格玛飞机维修工程公司和哈尔滨安博威飞机工业有限公司员工）。

巴西航空工业公司与中国航空工业第二集团公司下属的哈尔滨飞机工业集团和哈尔滨飞机工业公司合资，在中国哈尔滨建立了哈尔滨安博威飞机工业公司，合资制造畅销世界的ERJ134/140/145飞机系列，成为南南合作的典范，并且当年注册，当年建厂，当年下线。首架飞机于2004年12月16日下线并成功首飞，并于2005年6月28日交付给中国南方航空公司。而2007年9月28日哈尔滨安博威飞机工业有限公司交付的ERJ145飞机是第1000架ERJ145系列飞机，已交付给大新华运输航空有限公司投入运营。

另外，香港港联航空公司从GECAS租赁的4架Embraer170飞机已经有3架投入了运营，开辟了香港到中国内地二级城市的定期航班。巴西航空工业公司还于2005年向澳门的一个客户交付了一架Legacy 600型公务机。

巴西航空工业公司不但向中国客户提供一流的飞机，还向中国客户提供一流的售后服务。巴西航空工业公司早在2002年3月4日就与中国航空器材总公司合资在北京建立了零备件仓库，支持中国的机队，目前备件库正在扩

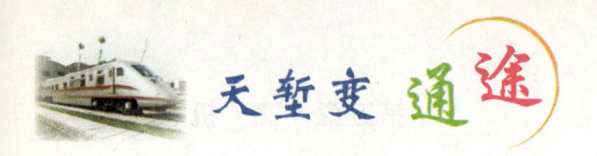

大之中。巴西航空工业公司还对中国乃至亚洲地区的ERJ145系列和Embraer170/190飞机系列提供支援，ERJ145的全动模拟机也已经在珠海训练中心投入使用。

◆加拿大庞巴迪公司

加拿大庞巴迪公司是一家总部位于加拿大魁北克省蒙特利尔市的国际性交通运输设备制造商，是一家世界领先的创新交通运输解决方案供应商，生产范围覆盖支线飞机、公务喷气飞机以及铁路和轨道交通运输设备等。公司始创于1942年，总部位于加拿大蒙特利尔市，是世界上第三大飞机制造公司，同时也是世界上最大的铁路及轨道交通设备制造商。庞巴迪有7.5万员工，分公司遍布美洲、欧洲和亚太地区的24个国家和地区。1986年庞

加拿大蒙特利尔市

第五章 飞 机

挑战者CL-604

巴迪就开始进入中国内地和香港市场，并在中国市场获得了成功。

庞巴迪公司的结构以两个规模几乎相当的业务领域为核心：飞机和列车。在宇航领域，庞巴迪是制造支线飞机、公务喷气飞机和水陆两栖飞机的领袖。它还提供公务喷气飞机部分所有权计划和包机服务，并为公务喷气飞机和支线飞机市场以及军用领域提供技术支持、维护和飞行员培训。在铁路运输领域，庞巴迪是铁路车辆制造和服务的领袖。其广泛的产品范围包括铁路客车和运输系统，以及机车、货车车厢、牵引系统和铁路信号和控制解决方案。庞巴迪还提供广泛的服务，包括车辆和车队维护、器材和物流以及翻修、工程再造和车辆

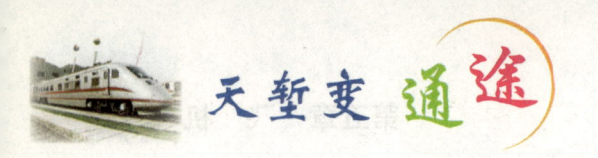

或部件大修。

庞巴迪是中国大陆支线飞机的主要供应商，此外庞巴迪的子公司彩虹公务机公司还提供挑战者604（Challenger 604）等型号喷气式公务飞机的包机服务。庞巴迪和位于中国青岛的四方机车制造厂合资的子公司BSP为中国大陆提供了城际列车车厢，目前运行中的直达快速列车80%的车厢由BSP提供。BSP将为青藏铁路提供361辆可适应高原环境的列车。庞巴迪还和位于常州的戚墅堰机车厂合资生产机车及牵引设备。庞巴迪的另一家子公司CBRC为上海轨道交通一号线、广州地铁二号线、深圳地铁一、四号线提供车辆。

庞巴迪运输与中国的合作可以追溯到1954年为铁道部提供近3000辆的冷藏车、动力车、客车和餐车。作为全球铁路运输领域的领导者，多年来，庞巴迪运输一直十分关心并积极参与中国城市轨道交通建设，并且承诺向中国转让世界一流水平的技术和先进的管理方法。为了响应中国政府有关国产化的政策，并且为了实现与中国的长期合作，庞巴迪运输在中国建立了三个合资企业。一个是青岛四方—庞巴迪—鲍尔铁路运输设备有限公司（BSP），由庞巴迪公司、加拿大鲍尔公司和中国机车车辆工业总公司于1998年共同投资建立，主要生产铁路客运车辆。该合资企业位于青岛市，其第一个合同是中国铁道部以及北京、上海、郑州、沈阳铁路局和广州铁路（集团）公司于1999年11月授予的300辆高档城间客车"中国快车"。这300辆列车中除了两辆样车是在法国生产外，其余的298辆都在青岛生产。另外，该公司还成功获得了铁道部

第五章 飞 机

广州地铁2号线

包括餐车在内的38辆新增订单,并为配合铁道部提出的第五次提速计划,于2004年4月18日交货。

庞巴迪运输在中国的另一个合资企业是和长春客车厂于1996年共同投资建立的长春-庞巴迪轨道车辆有限公司,主要从事地铁车辆的生产。该厂已经获得中国实行国产化政策后公开招标的头三个订单:广州地铁2号线156辆地铁车辆、深圳地铁一期132辆地铁车辆以及上海地铁1号线60节地铁车辆的追加合同。事实证明庞巴迪运输完全有能力满足中国政府的国产化要求。

第三个是由庞巴迪-鲍尔(毛

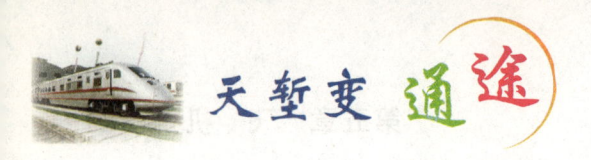

里求斯）有限公司和常州轨道车辆牵引传动工程技术研究中心共同组建的江苏常牵庞巴迪牵引系统有限公司（以下简称BCP），双方各占50%的股份，主要从事铁路车辆牵引设备的制造、销售和维修。庞巴迪运输（集团）在中国北京、上海、广州和香港都设有办公室，雇员人数包括合资企业在内约1200人。

对中国合资企业的技术转让，庞巴迪对与中国的合资企业进行的是全面的、系统的先进技术和管理系统的转让，是连续的、同步的转让，并非只提供产品。庞巴迪先后派了70多位专家到中国的合资企业

庞巴迪公司图标

第五章 飞 机

进行技术指导和管理指导，同时合资企业也已经派出60多位中方技术人员前往庞巴迪位于北美和欧洲的工厂接受培训，以确保在制造系统方面使中国的工厂达到与庞巴迪在世界其他地区的工厂同等的水平。庞巴迪在中国的短期目标是确保企业正常运作，长期目标是提高企业在国际市场上的竞争能力，特别是要用高质量的产品满足中国及其周边国家的需要。

作为一个大型的跨国公司，庞巴迪的员工来自世界各地，但他们却遵守着庞巴迪人共同的价值理念，即：努力实现客户期望，赢得客户的忠诚；专注于高水平的成就和贡献；通过团队工作实现共同目标；信任并尊重员工，鼓励灵活与创新；绝对诚实地开展商业活动。这些价值观念超越了个人，但又尊重了地区差异。它使庞巴迪人在世界各地都反映出了相同的特点和行为。事实上，这就意味着诸多各异的"文化"在庞巴迪人中共同存在着。作为一个全球性的组织，这些价值理念是他们成功的基本条件。庞巴迪着眼于和客户发展长期的合作关系，只要对客户作出承诺，就一定会做到，满足客户的要求。庞巴迪公司的灵魂在于它已向世人展现的能力以及困难时期掌握主动的决心。

庞巴迪文化是企业在长期经营中逐渐形成的，是群体意识和个人行为规范的总和。庞巴迪从创建至今已有半个多世纪的历史，已形成了独特的企业文化，塑造出了鲜明的企业形象。庞巴迪企业文化的核心是强调企业目标和企业员工行为目标的一致性；强调群体成员的信念、价值观念的共同性；强调企业对员工的吸引力和员工对

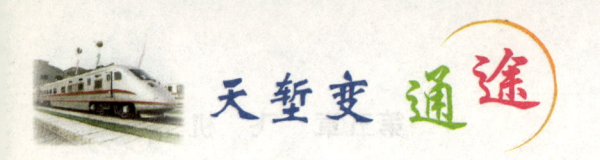

企业的向心力，由此形成企业竞争力的力量源泉。庞巴迪集团之所以能在全世界获得巨大成功，实际上是庞巴迪企业文化的成功，是庞巴迪人多元文化凝聚的成功。

第六章
电报和传真

天堑变通途

全铜的铁路电报机

18世纪30年代，铁路得到了极大地发展，因此迫切需要一种比火车跑得快，但是又不受天气影响、没有时间限制的通信工具。而恰在此时，电池、铜线、电磁感应器等发明电报的基本技术条件也已完全具备。1837年，英国库克和惠斯通设计制造了第一个有线电报，并对此不断加以改进，使发报的速度日益提高。很快，这种电报便在铁路通信中普遍应用起来。电报主要用来传递文字讯息。使用电报技术传送图片称为传真。

电报是利用电流（有线）或电磁波（无线）作载体，通过编码和相应的电处理技术实现人类远距离传输与交换信息的通信方式。它是通信业务的一种，是最早使用电进行通信的方法。电报是工业社会的一项重要发明，它的试验成功，大大加快了消息的流通。早期的电报只能在陆地上通讯，后来发展到海底电缆，并在此基础上开展了越洋服务。20世纪初，人们开始尝试使用无线电拍发电报。那时的电报业务已基本遍及地球上大部分地区。

传真是近几十年来发展最快的非话电信业务。它是将文字、图表、相片等记录成纸面上的静止图像，通过扫描和光电变换，变成电信号，经各类信道传送到目的地，在接收端通过一系列逆变换过程，获得与发送原稿相似记录副本的通信方式。在这一章里，我们就来一起了解一下电报和传真的相关知识。

第六章 电报和传真

电报的相关概念

◆ 电报的定义

电报是指利用电磁波作为载体，通过编码和相应的电处理技术实现人类远距离传输与交换信息的通信方式。它的基本原理是：把英文字母表中的字母、标点符号和空格按照出现的频度排序，然后用点和划的组合来代表这些字母、标点和空格，使频度最高的符号具有最短的点划组合。"点"对应于短的电脉冲信号，"划"对应于长的电脉冲信号。这些信号传到对方，接收机把短的电脉冲信号翻译成"点"，把长的电脉冲信号转换成"划"。译码员根据这些点划组合就可以译成英文字母，从而完成通信任务。

◆ 电报的分类

（1）明码电报与密码电报

电报对某些电文的传递，不是直接拍发和接收的，尤其是汉字书写的电文，需将文字译成可用电信号传达的电码后才能用发报机向外拍发。电码有全社会共同约定的，也有个别人或集团之间互相约定的。全社会共同约定的电码供公众公开使用，叫明码，如公众日常拍发和接收的电报；由个别少数人或集团之间互相约定的电码，主要用于保密活动，所以叫密码。

（2）普通电报与加急电报

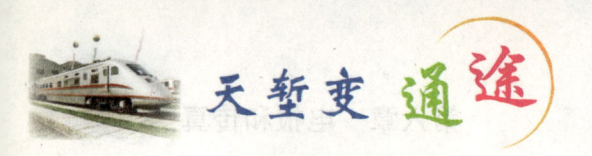

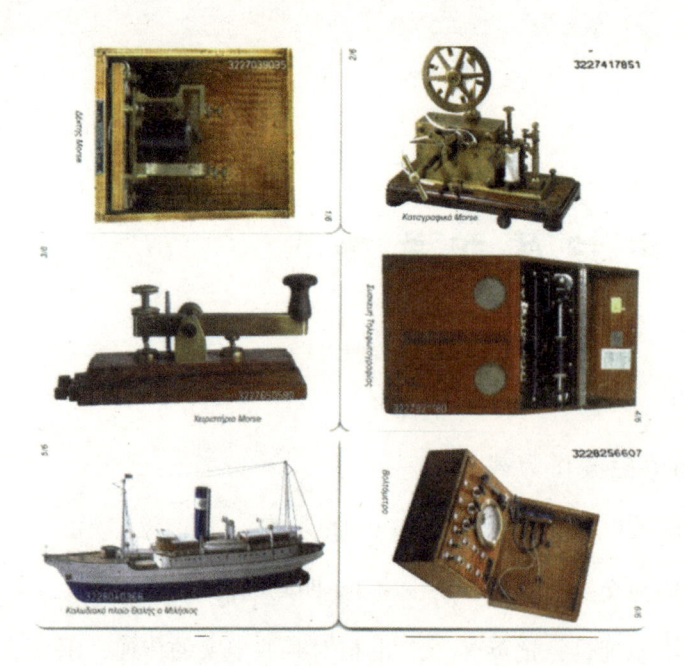

莫尔斯电报机

二者的主要区别在于传递的时间长短。就我国目前电报传递的条件来讲,普通电报一般在二至八个小时之间可以收到。但是,普通电报夜间停送,如果事情特别紧急,普通电报的速度不能满足需要时,就须发加急电报。加急电报比普通电报速度更快,收费也相应增高,办理发报手续时须写明"加急业务",并按"加急业务"交费。

(3)公务电报与私务电报

依内容来分,电报可分为公务电报和私务电报两大类。公务电报是为公事而拍发的,公务电报稿的写作属公文文种,可参阅公文写作的有关章节;私务电报是个人生活交际活动常用的,这类电报稿属于日常生活范围。

第六章　电报和传真

传真的相关概念

◆ **传真的定义**

　　传真电报简称传真，使用传真可直接传送发报人文件、图形、表格、照片等。传真是基于PSTN的电信信号通过设备中转传真信号，由于科技的迅速发展，电子网络传真逐渐成为取代传真机的新一代通信工具。传真技术主要有扫描技术、记录技术、同步同相技术、传输技术。传真的通信过程包含扫描、光电变换、图象信号的传输、记录变换、收信扫描和同步同相。

◆ **传真的优点**

　　传真通信速度快、操作简便，对方只需一台传真机就能接收与原样相同的复制件。其传输方式分直流电报和载波电传传输。若实施电报通信，一定不能缺少两部分设备。一是电报通信的终端设备，如人工电报机、电传打字机、五单位自动发报机等；二是电报通信的传输设备，如通信线路、载波电报机、无线收发信机等。

◆ **传真的工作原理**

　　传真机的工作原理很简单，即先扫描即将需要发送的文件并将其转化为一系列黑白点信息，该信息再转化为声频信号并通过传统电话

天堑变通途

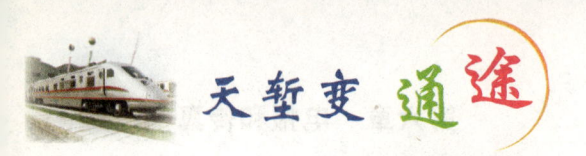

打字机

线进行传送。接收方的传真机"听到"信号后，会将相应的点信息打印出来。这样，接收方就会收到一份原发送文件的复印件。

交通通讯小百科

美国历史上最后一封电报

2006年02月06日，美国西部联盟公司宣布，停止电报业务。具有讽刺意义的是，该公司是在互联网上公布这个消息的。而互联网这一高科技通信手段恰恰就是导致电报"退场"的重要原因之一。由于越来越少的人使用电报，这个消息竟然在足足被人忽略了一个星期之后，才引起公

第六章 电报和传真

众媒体的注意。

据西部联盟公司透露，最后10份电报的内容包括生日祝福、对死者的哀悼和一次紧急事件通知。其中，不少发电报的人并非忠实的电报拥趸，是冲着"发出美国历史上最后一封电报"而来的。

美国西部联盟公司创建于1855年，当时电报是先进、流行的通讯手段，后来被称为"维多利亚时代的互联网"，该公司也是美国最后一个提供电报服务的公司。

电报的发展历程

◆ 世界电报的发展

一开始，人们对电的研究仅仅是停留在静电上。1753年，摩尔逊利用静电感应的原理，用代表26个英文字母的26根导线通电后进行信息传输，但这种机器需要的导线太多，设置庞杂，并且静电传应的距离有限，因此这项发明停滞不前。1804年，一个名叫萨瓦的西班牙人将许多代表不同字母和符号的金属线浸在盐水中，当电流通过时，盐水被电解，产生出小气泡，他根据这些气泡辨识出字母，从而接收到远处传送来的信息。但是，这种电报接收机可靠性差，不具实用性。后来，俄国一个名叫许林格的科学家设计了一种只用8根电线的编码式电报机，并且取得试验上的成功。但是由于需要的导线太多，仍然不实用。

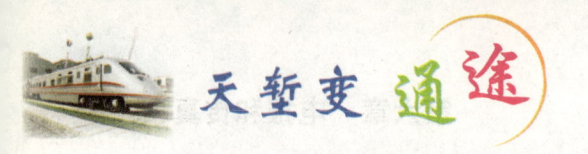

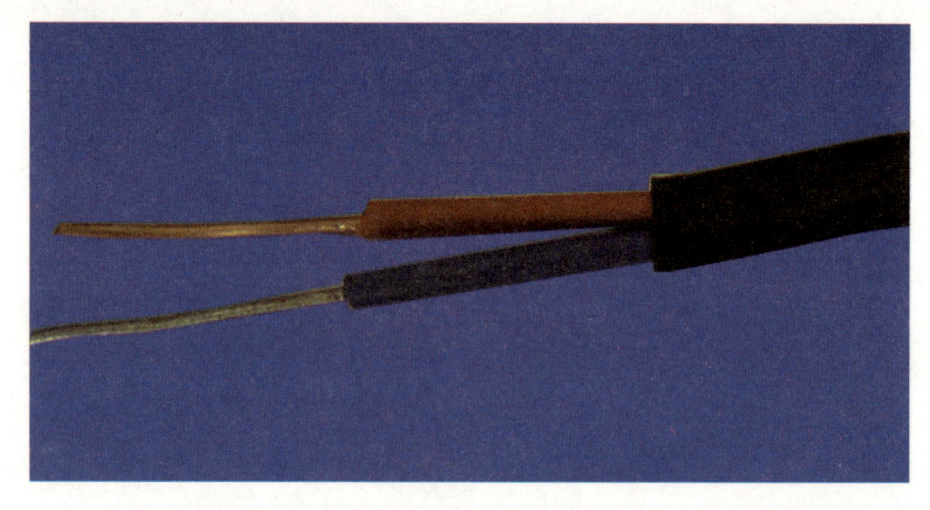

天堑变通途

导　线

　　以上所讲的这些电报接收装置虽然没有得到最终的应用和推广，但它们为后来者提供了试验基础。随着电磁学理论的不断完善，电学的进一步发展，使用一根导线的电报机被莫尔斯发明出来了。

　　美国人莫尔斯对电报有着浓厚的兴趣。在他41岁那年，一个名叫杰克逊的医生将他引入了电磁学的领域。莫尔斯受到"电磁铁"的启发，产生了遐想：既然电流可以瞬息通过导线，那能不能用电流来传递信息呢？为此，他立志要完成用电来传递信息的发明。回美国后，莫尔斯全身心地投入到研制电报的工作中去。他买来各种各样的实验仪器和电工工具，埋头苦干。可是，换来的却是一次又一次的失败。但是，莫尔斯并没有气馁，他冷静地分析了失败的原因，认真检查了设计思路，发现必须寻找新的方法来发送信号。1836年，莫尔斯终于找到了新方法。他想到用点、划和空白的组合来表示字母，并用此编码来传递信息。这样，只要发出两种电符号就可以传递信息，大

第六章 电报和传真

莫尔斯

大简化了设计和装置。这就是著名的"莫尔斯电码",是电信史上最早的编码,也是电报发明史上的重大突破。

莫尔斯在取得突破以后,马上就投入到紧张的工作中去,把设想变为实用的装置,并且不断地加以改进。1844年5月24日,莫尔斯在美国国会大厅里亲自按动电报机按键,向巴尔的摩发送了世界上的第一封电报电文。此后,电报迅速发展,并形成了巨大的通讯网络。

◆中国电报的发展

(1)满清时期

早在1871年,丹麦大北电报公司就擅自把敷设在长崎(日本)至上海间海底电缆接至吴淞口外的大山岛,并与上海英租界的电报局相连,收发国际电报。从此,英美等国电信公司之海线进入中国。1873年,大北电报公司竟然在吴淞水线私架陆线通往上海。上述种种侵略行为引起了清政府的高度重视,认识到外商在我国开设电报业务这一问题的严重性。

1873年,华侨商人王承荣从法国回国后,与福州的王斌研制出我国第一台电报机,并呈请政府自办电报。1875年,福建巡抚丁日昌积极倡导创办电报,并在福建船

天堑变通途

丁日昌

政学堂附设了电报学堂，培训电报技术人员。这是中国第一所电报学堂。1877年，清政府在津沪间试设同城电报，并相继建成上海行辕至制造局电报线及天津督辕至机器局电报线，这是我国自办电报业务的开端。

1879年，国内外战事频起，沙皇俄国乘机强占我国伊犁，并派军舰窜入我国领海。清朝政府为了沟通军情，派李鸿章多次与在我国开设电报局的丹麦大北电报公司交涉，由中国出钱，委托其修建大沽（炮台）、北塘（炮台）至天津，以及从天津兵工厂至李鸿章衙门的电报线路。这是中国大陆上自主建设的第一条军用电报线路。1881年4月，从上海、天津两端同时开工，至12月24日，全长3075华里的津沪电报线路全线竣工。1881年12月28日正式开放营业，收发公私电报，全线在紫竹林、大沽口、清江浦、济宁、镇江、苏州、上海七处设立了电报分局。这是中国自主建设的第一条长途公众电报线路。1884年，清政府设内城电报局专事收发官电，外城电报局收发商民电报，并把自行创建的第一条电报干线延伸，经京郊通州引入京城。从此，北京才开始通电报，当时用的也是进口的莫尔斯人工电报机。到1899年，国内先后建成数条电报线路，基本构成了我国干线通信网。

1905年7月，袁世凯在天津开

第六章　电报和传真

办了无线电训练班，聘请意大利人葛拉斯为教师。他还托葛拉斯代购马可尼猝灭火花式无线电机，在南苑、保定、天津等处行营及部分军舰上装用，用无线电进行相互联系。1906年因广东琼州海缆中断，在琼州和徐闻两地设立了无线电机，在两地间开通了民用无线电通信。这是中国民用无线电通信之始。1908年，英商在上海英租界的汇中旅馆私设了一部无线电台，这是上海地区最早的无线电台。1911年，德商西门子德律风公司向清政府申请，要求在北京、南京设立无线电报机，进行远距离无线电通信试验。辛亥革命时，南北有线电通信阻断，南北通信就靠这两地的试验电台沟通。

（2）民国时期

1912年，民国政府接管清政府邮传部，改组为交通部，设电政、邮政、路政、航政四个司。这一

袁世凯

年：上海电报局开始用打字机抄收电报；京津长途电话线路加装加感线圈（即普平线圈或负载线圈），提高通话质量；国际无线电报公会规定我国无线电的呼号范围为XNA-XSZ。1913年，最早的邮电学校和无线电报局建立。1919年，设立无线电远程收报处。1919年4月，在北京无线电报局东便门原址设立远程收报处，应用真空管式无线电接收机直接接收欧美各国的广

205

打字机

播新闻。从此打破了外商大北、大东、太平洋三家电报公司垄断传递国外新闻的局面。1921年1月7日，中国加入国际电报公约（万国电报公约）。1924年，沈阳开始建设远程无线电台。1927年年底，成立了沈阳国际无线电台，与德国建立了双向通报电路。这是中国与欧洲直接通信之始。1930年12月，与旧金山、柏林、巴黎建立了直达无线电报通信。正式开通中美、中德、中法电路。这是当时唯一由国家经营的国际电信通信机构。1933年，中国电报通信首次使用打字电报机。1937年，中国在长途干线上开始装用单路或三路载波机。

（3）新中国时期

1949年全国解放后，电报通信得到一定的发展。为了加强国际间的联系，1950年2月7日，我国与苏联签订了《建立电报电话联络协定》，于1959年1月2日开通北京至莫斯科国际用户电报电路。当时全国各地均非常重视电报业务的开展，尤其是边疆地区的电报建设，1951年4月，新疆试办维吾尔文电报业务。

国内最早研制投产的电传机当数1955年问世的55型电传机。1959年又生产出载波电报机。1964年搞出双机头自动发报机，次年推出晶体管载波电报机。各地电报局所采

第六章　电报和传真

用的为撕断纸条半自动转报设备，组成了国内较为庞大的电报通信网。1967年初，在电传电报通信中全都改用数字保护电码，进而大大提高了电报通信质量。1969年，邮电部门研制出较先进的中文电报译码机。

20世纪70年代初，国内开通了北京—华盛顿无线电报和传真业务，使用60路报纸传真机开办了北京—成都传送包括《人民日报》在内的三种报纸的传真业务。1975年，有关部门研制出单路真迹传真机，京广微波干线上的石家庄、郑州、武汉、长沙、广州五个城市建成开通真迹传真电报网。1979年2月7日，邮电系统开放对台湾电报业务。

20世纪80年代初，邮电部决定恢复使用人工电报电码符号、国际通报用语和公电密语。1982年，国内有些城市开办国际真迹传真业务，主要对象有日本、新加坡、香港等国家及地区。1984年6月，西藏自治区试办藏文电报业务，同年8月1日，我国自行设计制造的256路程控自动转报系统在上海电报局运行。1988年1月6日，邮电部决定自2月1日起，在国内33个城市推出"礼仪电报"新业务，适应了当时人们的需要。

进入20世纪90年代，中国电信业得到迅速发展。电报业务也有了新的开拓，开办了请柬电报业务。1990年11月7日，西宁公众电报自动转报系统亦正式投入运营。除拉萨以外的各省会城市公众电报自动转报网宣告建成。

但是，随着有线电话和移动电话及无线寻呼等业务用户的不断增长，电信业务呈现多元化的发展局面。普通电话、移动电话、传真、电子数据交换、计算机通信、卫星通信等新兴通信手段发展迅速。因

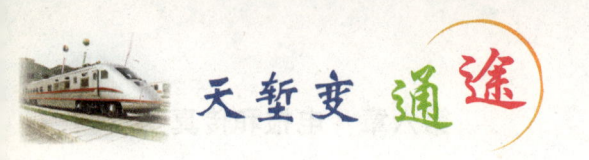

此，电报这一传统业务受到极大的冲击。如今，人们去邮局发电报的人已很少，代之而起的传真机大量走进寻常百姓家。

传真的发展历程

传真通信是利用扫描和光电变换技术，从发端将文字、图像、照片等静态图像通过有线或无线信道传送到收端，并在收端以记录的形式重显原静止的图像的通信方式。

传真从发明到今天，已经有150多年的历史，但它被推广、普及却仅是近几十年的事。在传真被推广和普及之前，其发展非常缓慢，这主要是因为传真的使用条件和其本身技术的落后。1843年，美国物理学家贝恩根据钟摆原理发明了传真。1850年，美国的贝克韦尔开始采用"滚筒和丝杆"装置代替了贝恩的钟摆方式，使传真技术前进了一步。1865年，伊朗人阿巴卡捷里根据贝恩和贝克韦尔提出的原理，制造出实用的传真

普通电话

第六章　电报和传真

概括来说，传真从产生到发展一共经历了基础、发展普及、多功能化三个阶段。

◆ 基础阶段

1843—1972年是传真的基础阶段。这一阶段的传真机基本上采用机械式扫描方式，并大部分使用滚筒式扫描。传真机的电路部分是采用模拟技术，分立元件。在传输方面则是采用调幅、调频等低效率的调制技术，且基本上利用专用的有线电路进行低速传输。这时传真的应用范围非常窄，主要用于新闻、气象广播等。

◆ 发展普及阶段

1972—1980年是传真的发展普及阶段。自1969年，尤其是1972年以后，世界各国相继允许在公用

钟　摆

机，并在法国的巴黎、里昂和马赛等城市之间进行了传真通信实验。自从20世纪70年代开始，世界各国相继在公用电话交换网上开放传真业务，传真才得到广泛的发展。特别是进入80年代，随着传真机标准化的进程和技术的成熟，它成了发展最快的一种非话业务。

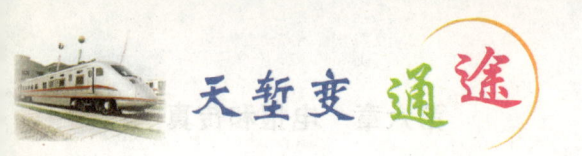

电话交换网上开放传真业务，再加上传真技术自身的发展，传真进入了一个新的历史发展时期。这一时期的传真技术从模拟发展到了数字，机械式扫描被固体化电子扫描取代，低速传输向高速传输发展。这一阶段，传真的应用范围也得到了扩大，除用于传送文件、新闻照片、气象图以外，在医疗、印刷、图书管理、情报咨询、金融数据、电子邮政等方面也开始得到应用。

◆ 多功能化阶段

1980年以后是传真的多功能化阶段。这一阶段的传真机不仅作为通信设备获得了广泛应用，而且还广泛应用于办公自动化系统和电子邮政等方面，并最终向着综合处理的终端过渡。现在，它还和微型计算机相结合，利用计算机技术来增

气象图

第六章 电报和传真

加传真在信息收集、存储、处理、交换等方面的功能，逐步纳入到综合业务数字网中去。网上传真业务就是宽带网和传统电话传真业务的良好结合。通过网上传真，只要能接入宽带网，电脑就可以直接收发传真，而且像收发邮件一样简单。

通过网上传真系统，用户可以使用网络浏览器直接发送传真。使用网上传真系统可提高工作效率，简化工作环节，节省设备的购置费用和维护费用，实现无纸化管理，使信息沟通更加及时通畅。

交通通讯小百科

无线电报

电报是人类社会发展到资本主义，迫切要求能进行远距离快速通讯的产物。1837年，莫尔斯成功地发明了电码，很快就建立了长距离的通讯网和横跨大西洋的电缆。但是，如果能不经电线电缆而直接传递信息，应该会更为方便。于是无线电报应运而生。1895年，意大利人马可尼在自家的花园里成功地进行了无线电波传递实验，次年即获得了专利。1898年，在英吉利海峡两岸进行的无线电报跨海试验成功，通讯距离为45千米。1899年又建立了106千米距离的通讯联系。1900年10月，在英国建立了一座强大的发射台，采用10千瓦的音响火花式电报发射机。1901年12月，马可尼在加拿大用风筝牵引天线，成功地接收到了大西洋

天堑变通途

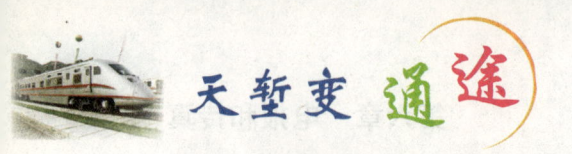

马可尼

彼岸的无线电报。到了1909年，无线电报已经在通讯事业上大显身手。在这以后许多国家的军事要塞、海港船舰大都装备有无线电设备，无线电报成了全球性的事业。

第七章 电话

天堑变通途

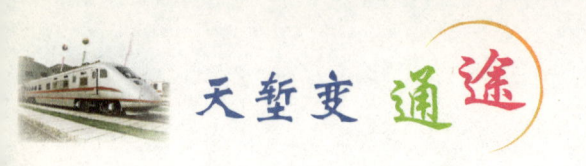

"电话"一词是由日本人创造的汉语词，用来意译英文的telephone，后传入中国。最初，中国人根据telephone这个单词的发音将"电话"音译为"德律风"。后来，"德律风"这种叫法被"电话"所取代。

电话是通过电信号双向传输话音的设备。历史上对电话的改进和发明包括：碳粉话筒、人工交换板、拨号盘、自动电话交换机、程控电话交换机、双音多频拨号、语音数字采样等。近年来的新技术包括：ISDN、DSL、模拟移动电话和数字移动电话等。这一行业通常分为电话设备制造商和电话网络运营商。

随着时代的发展，电话给人类的物质生活带来了一系列崭新的变化。如今，移动电话已经应用于地球的绝大多数地区，与此同时，光导纤维网络与无线网络的自动交换系统将向全球各个地区提供质优价廉的联络服务。

在这一章里，我们就来一起谈一下电话的相关知识。比如电话的发展历程、固定电话、移动电话、数字电话以及可视电话等。

电 话

第七章 电话

电话的发展历程

◆世界电话的发展

电话通信是通过声能与电能相互转换、并利用"电"这个媒介来传输语言的一种通信技术。提到电话的发明，相信大多数人都会联想到亚历山大·格雷厄姆·贝尔。贝尔，1847年3月3日出生于英国的爱丁堡，14岁在爱丁堡皇家中学毕业，曾在爱丁堡大学和伦敦大学学院听课，主要靠自学和家庭教育。1864年开始声学研究。1873年，贝尔担任波士顿大学发声生理学教授。1875年，他的多路电报获得专利。1876年，美国专利局批准他的电话专利。

然而贝尔并不是唯一一个致力于发明电话的人。在贝尔申报电话专利的同一天，一个名叫格雷的人

亚历山大·格雷厄姆·贝尔

天堑变通途

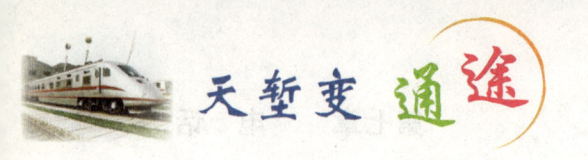

在贝尔申报了专利2个小时后,也申请了电话专利权。其实,关于电话的发明我们还应该想到意大利人安东尼奥·梅乌奇。梅乌奇痴迷于电生理学研究,他发现电波可以传输声音。1850—1862年,梅乌奇制作了几种不同形式的声音传送仪器,称作"远距离传话筒"。可惜的是,由于梅乌奇一生穷困潦倒,根本无力保护他的发明。直到2002年6月15日,美国议会通过议案,才认定安东尼奥·梅乌奇为电话的发明者。

电话发明后的几十年里,围绕着电话的经营、技术等问题,大量的专利被申请:Strowger的"自动拨号系统"减少了人工接线带来的各种各样的问题,干电池的发明使得电话的体积缩小,装载线圈的发明更是降低了长距离传输的信号损失。1906年,Lee De发明了电子试管,它的扩音功能领导了电话服务的方向。1915年1月25日,第一条跨区电话线在纽约和旧金山之间开

铜 丝

第七章　电　话

通。它使用了2500吨铜丝，13万根电线杆和无数的装载线圈，沿途使用了3部真空管扩音机来加强信号。1948年7月1日，贝尔实验室的科学家发明了晶体管。这不仅仅对于电话发展有重大意义，对于人类生活的各个方面都有巨大的影响。其后几十年里，又有大量新技术出现，例如集成电路的生产和光纤的应用，这些都对通信系统的发展起到了非常重要的作用。

◆电话在中国的发展

鸦片战争后，西方列强在中国疯狂地掠夺土地和财富，但与此同时他们也为中国带来了近代的邮政和电信。1900年，在南京出现了中国第一部市内电话。上海、南京电报局开办市内电话，当时只有16部电话。1904—1905年，俄国在中国的烟台至牛庄架设了无线电台。中国古老的邮驿制度和民间通信机构被先进的邮政和电信逐步替代。

无线电台

天堑变通途

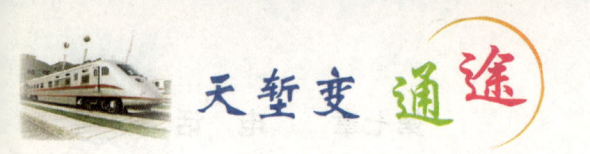

中华民国时期，中国的邮电通信仍然在西方列强的控制中，加上连年战乱，通信设施经常遭到破坏。所以1949年以前，中国电信系统发展缓慢，到1949年，中国电话的普及率仅为0.05%，电话用户只有26万。

1949年以后，中央人民政府迅速恢复和发展通信。但到1978年，全国电话普及率也仅为0.38%，不及世界水平的1/10，每200人中拥有话机还不到一部。而且交换机自动化比重低，长途传输主要靠明线和模拟微波。自20世纪80年代中期以来，中国政府加快了基础电信设施的建设，到2003年3月，固定电话用户数达22562.6万，移动电话用户22149.1万户。

交通通讯小百科

手机安全使用

由于手机发射了一定的无线电波，因此可能会产生一定的辐射，对人体特别是头部接近大脑部分的组织产生一定的影响。此外，手机发出的信号会干扰蜜蜂的路线，使它们死亡，令花粉难以传播。

为避免影响仪器的正常操作，很多地方禁止使用手机。例如：

飞机上禁止使用手机：这是因为在飞机起飞和降落的过程中使用手机的话，手机发射的无线电波会对控制系统产生干扰，从而加大产生空难的概率。

第七章　电　话

加油站禁止使用手机拨打和接听电话：在天然气加气站，存放易燃易爆化学品的仓库地区，无线电信号在金属上会发生打火，导致爆炸事故。

医院不允许使用手机：医院有很多对电子设备比较敏感的仪器（心脏监控，心电图，脑电波监控，电子起博器）和高纯度氧气，使用手机则会影响这些仪器的正常工作。

几种具有代表性的电话

◆固定电话

固定电话在现代是非常重要的通讯手段之一，它通过声音的振动，利用话机内的话筒调制电话线路上的电流电压，也就是将声音转换为电压信号通过电话线传送到另外一端的电话，

固定电话

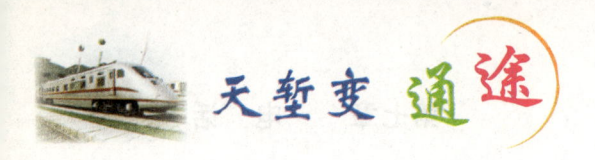

再利用送话器将电压信号转换为声音信号。因为通常固定在一个位置，所以学术名称为固定电话，也就是平常说的电话座机。这种电话又有好几种，比如传真电话、母子电话等。

简单的电话机回路包括分别放置在甲乙两地的受话器、送话器、电源以及线路，这些部分均串联连接。实际上固定电话还应该包括振铃线路、拨号回路以及来电显示等功能，电话机还需配合电信局的交换机完成拨号工作。

◆ 移动电话

移动电话，通常称为手机，是可以在较广范围内使用的便携式电话终端。

第一代手机（1G）是指模拟的移动电话，也就是以前影视作品中经常提到的大哥大。它外表四四方方，只能称为可移动，算不上便携。这种手机有多种制式，如NMT、AMPS、TACS，但是基本上使用频分复用方式，只能进行语音通信，收讯效果不稳定，且保密性不足，无线带宽利用不充分。

第二代手机（2G）也是目前最常见的手机。通常这些手机使用PHS、GSM或者CDMA这些十分成

手机

第七章　电　话

熟的标准，具有稳定的通话质量和合适的待机时间。在第二代中为了适应数据通讯的需求，一些中间标准也在手机上得到支持，例如支持彩信业务的GPRS和上网业务的WAP服务，以及各式各样的Java程序等。

第三代手机（3G）是指第三代移动通信技术。相对于第一代模拟制式手机和第二代GSM、CDMA等数字手机，第三代手机是指将无线通信与国际互联网等多媒体通信相结合的新一代移动通信系统。它能够处理图像、音乐、视频等多种媒体形式，提供包括网页浏览、电话会议、电子商务等多种信息服务。目前，国际上3G手机有3种制式标准：欧洲的WCDMA标准、美国的CDMA2000标准和由我国科学家提出的TD-SCDMA标准。

手机外观上一般都应该包括至少一个液晶显示屏和一套按键（部分采用触摸屏的手机减少了按键）。手机除了典型的电话功能外，还包含了PDA、游戏机、MP3、照相机、摄影、录音、GPS等更多的功能，有向带有手机功能的PDA发展的趋势。

◆数字电话

相对于早期的模拟电话来说，数字电话是指采用数字技术的电话。数字电话采用高科技数字扩频、自动跳频技术，具有信噪比高、音质好、95个信道自动选择、抗干扰能力强等优点。

由电线传输的第一封电报使用了一种数字代码的初级技术，也就是通过译码把英语表中的每一个字母都转为另外一种形式，即一个较短的嘟嘟声或者一个较长的嘟嘟声。多年以来，电话业务一直沿用这种模拟系统，这也就是说首先要把声音振动转换为电振动，然后，

天堑变通途

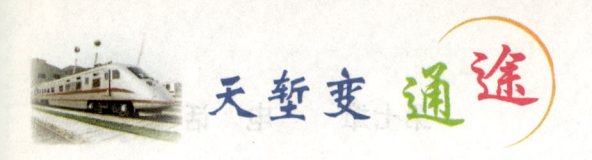

数字电话

再进行一次反向转换。如今，电话通信（无线广播、电视广播）的数字化传输（以0与1的形式）已经成为现实，人类正期待着全数字化的美好未来。数字化传输本身就意味着仅仅通过单独一条电缆就可以同时传递更多的信息与数据，而且从根本上杜绝了失真的现象。引入全数字技术将会给通讯设备领域带来一次革新。

◆可视电话

可视电话是指利用电话线路实时传送人的语音和图像（用户的半身像、照片物品等）的一种通信方式。可视电话由电话机、摄像设备、电视接收显示设备及控制器组成。可视电话的话机和普通电话机一样是用来通话的；摄像设备的功能是摄取本方用户的图像传送给对方；电视接收显示设备的作用是接收对方的图像信号并在荧屏上显示对方的图像。

可视电话根据图像显示的不同，可分为静态图像可视电话和动态图像可视电话。静态图像可视电话在荧光屏上显示的图像是静止的，图像信号和话音信号利用现有的模拟电话系统交替传送，即传送图像时不能通话，传送一帧用户的

第七章 电 话

商务可视电话

半身静止图像需5~10秒。动态图像可视电话显示的图像是活动的，用户可以看到对方的笑颜或说话时的形象。动态图像可视电话图像信号因包含的信息量大，所占的频带宽，不能直接在用户线上传输，需要把原有的图像信号数字化，变为数字图像信号，而后还必须采用频带压缩技术，对数字图像信号进行"压缩"，使所占的频带变窄，这样才可在用户线上传输。

可视电话还可以加入录像设备，就像录音电话一样，把图像录制下来，以便保留。静态图像可视电话现已在公用电话网上使用，而动态图像可视电话因成本较高尚未大量应用。但是，随着微电子技术的发展，大规模、超大规模集成电路的广泛使用，以及综合业务数字网的迅速发展，动态图像可视电话必然会在未来的通信领域中发挥重要的作用。

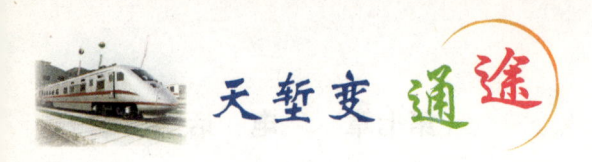

交通通讯小百科

手机类型

折叠式：折叠式手机是指手机为翻盖式，要翻开盖才可见到主显示屏或按键，且只有一个屏幕，这种手机被称为单屏翻盖手机。目前，市场上还推出了双屏翻盖手机，即在翻盖上有另一个副显示屏，这个屏幕通常不大，一般能显示时间、信号、电池、来电号码等。

直立式：直立式手机就是指手机屏幕和按键在同一平面，手机无翻盖。

折叠式手机

直立式手机的特点主要是可以直接看到屏幕上所显示的内容。

第七章　电话

滑盖式：滑盖式手机主要是指手机要通过抽拉才能见到全部机身。有些机型是通过滑动下盖才能看到按键；而另一些则是通过上拉屏幕部分才能看到键盘。从某种程度上说，滑盖式手机是翻盖式手机的一种延伸和创新。

旋转式手机

腕表式：腕表式手机主要是带在手上，跟手表形式一样，其设计小巧，功能方面与普通手机并无两样。

旋转式：和滑盖式差不多，最主要的是在180度旋转后才看到键盘。

电信运营商

电信运营商是指提供固定电话、移动电话和互联网接入的通信服务公司。国内原有六大电信运营商：中国电信、中国网通、中国移动、中国联通、中国铁通、中国卫通。现为三家电信运营商：中国电信、中国移动、中国联通。

◆国内电信运营商

中国电信：中国电信最初被称

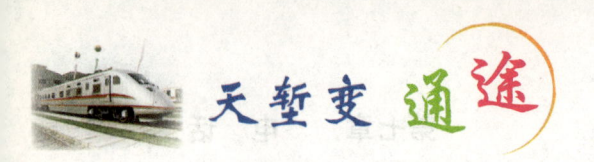

中国电信

为"中国邮电电信总局"，1995年进行企业法人登记，从此逐步实行政企分开。1998年，邮政、电信分营，开始专注于电信运营。1999年，中国电信的寻呼、卫星和移动业务被剥离出去。2000年，中国电信集团公司正式挂牌。2001年，中国电信被再次重组，进行了南北分拆。2002年5月，新的中国电信集团公司重新正式挂牌成立。

中国移动：中国移动通信集团公司是一家基于GSM网络（即GPRS网络）的移动通信运营商，简称中国移动，前身为中国电信移动通信局。中国移动通信集团公司是根据国家关于电信体制改革的部署和要求，在原中国电信移动通信资产总体剥离的基础上组建的国有骨干企业，2000年4月20日成立，归中央政府管理。

中国移动是中国唯一专注于移动通信运营的运营商，拥有全球第一的网络和客户规模。中国移动致力于以高品质的创造与奉献，消除人类沟通的障碍，丰富人们的生活，提高社会生产效率，促进人类生活和社会文明的提升，使人们充

中国移动通信

第七章　电　话

分享有一个自由沟通、自在生活的新世界。2008年5月25号晚间，中国移动通信集团公司发布公告，确认即将进行重组，重组方案是中国铁通集团有限公司并入中国移动通信集团公司，组成新的中国移动通信集团公司。

中国联通：中国联合网络通信有限公司，简称"中国联通"，2008年10月15日由原中国联通红筹公司、中国网通红筹公司合并成立。主要业务经营范围包括：GSM移动通信业务、国内国际长途电话业务（接入号193）、批准范围的本地电话业务、数据通信业务、互联网业务（接入号16500）、IP电话业务（接入号19710/17911）、卫星通信业务、电信增值业务，以及与主营业务有关的其他电信业务。在新机制下建立的300多个分公司和11个子公司遍布全国31个省、自治区、直辖市以及澳门特别行政区，为服务提供了坚实的保障，是中央直接管理的国有重要骨干企业。2008年5月23日，中国联通分拆双网，其中CDMA网络并入中国电信，从2008年10月1日起正式开始分拆，133和153号段正式并入中国电信，联通停止CDMA业务，保留GSM网络与中国网通组成新的联通集团。2008年10月1日，CDMA网络正式移交中国电信运营。2008年10月15日，中国联通、

中国联通

227

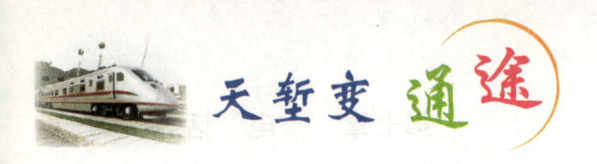

中国网通红筹公司正式合并。2009年1月7日经国务院同意，中国联合通信有限公司与中国网络通信集团公司重组合并，新公司名称为中国联合网络通信集团有限公司。

◆ 国外电信运营商

世界六大电信运营商：英国Vodafone、法国Orange、日本NTT旗下DoCoMo、德国T-Mobile、荷兰KPN、美国Sprint。

英国Vodafone：沃达丰是跨国性的移动电话营办商。总部设在英国波克夏郡的纽布利及德国的杜塞尔多夫。沃达丰是全球最大的移动通信运营商，其网络直接覆盖26个国家，并在另外31个国家与其合作伙伴一起提供网络服务，全球用户超过1.79亿。沃达丰拥有世界上最完备的企业信息管理系统和客户服务系统，在增加客户、提供服务、创造价值上拥有较强的优势。沃达丰的全球策略是涵盖语音、数据、互联网接入服务，并且提供客户满意的服务。

法国Orange：Orange是一家法国电信运营商，1994年，该公司正式进入英国市场。1996年，公司正式在伦敦股票交易所上市，并于同年4月2日正式登陆纳斯达克证券交易所。总资产84亿美元。该公司已

3G手机

第七章　电话

vodafone标志

经开始大举拓展国际业务，并已经在奥地利、比利时、瑞士等国成功地进行了国际化战略实施。1999年年底，该公司已经在香港、澳大利亚、以色列以及印度进行了商标注册。2004年底，公司推出了法国和英国最大的2.5/3G融合网，覆盖率达60%，使其用户能够进一步享受"无缝移动宽频"服务。

日本NTT DoCoMo：NTT DoCoMo不仅是日本领先的移动通信运营商，而且在推进全球移动通信技术的发展方面起着举足轻重的作用。在日本，它为五千多万的用户提供语音和数据通信服务，它还创造了全球产业标准，以及具有里程碑意义的移动服务项目。NTT DoCoMo是世界移动通信的领袖之一，2001年其推出的FOMA是世界上第一款基于W-CDMA的3G移动

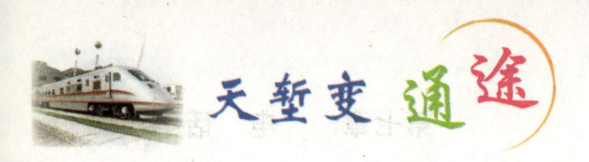

服务，提升了日本移动通信的整体面貌。还有其引进的"Osaifu-Keitai"（带有钱包功能的移动电话），通过为各种交易提供非现金交易的功能，包括乘坐地铁和商场购物等，大大改善了手机的便捷性，目前已经拥有1000万用户。通过在亚洲、欧洲和北美洲的分支机构及全资子公司，并与亚太地区和欧洲的移动及多媒体服务供应商建立战略联盟，NTT DoCoMo正在向全球扩张。

德国T-Mobile：T-Mobile是一家跨国移动电话运营商。它是德国电信的子公司，属于Freemove联盟。T-Mobile在西欧和美国运营GSM网络并通过金融手段参与东欧和东南亚的网络运营。该公司拥有1.09亿用户，是世界上最大的移动电话公司之一。2000年8月，为了把德国高利润的GSM网络升级到UMTS第三代移动通讯标准，满足手机上网的需求，德国电信取得了德国使用3G的授权。T-Mobile USA

联想3G手机

第七章　电　话

前身是VoiceStream。VoiceStream在2001年5月被德国电信以240亿美元收购。

荷兰KPN：KPN是荷兰最大的移动以及固网运营商，成立于1989年，是一家国际服务供应商，业务范围包括邮政、电信、电缆和多媒体领域。公司经营着两个部门固定电话部和移动通信部。KPN是荷兰传统电信运营商。KPN电信公司提供的业务包括：固定网业务、移动业务以及IP数据网络业务。它是荷兰固定网和移动业务的主要电信运营商，同时其移动网络业务也覆盖了欧洲其他国家，如德国和比利时等。

美国Sprint：Sprint是美国第三大移动运营商。Sprint是一家全球性的通信公司，在超过100个国家及地区为2600多万商业与住宅客户提供服务。该公司在全世界拥有约7万名员工，年营业额达到270亿美元。它一向以在时代尖端网络技术的开发、工程，以及推广方面的成就为各方所称道，并拥有美国的

双模手机

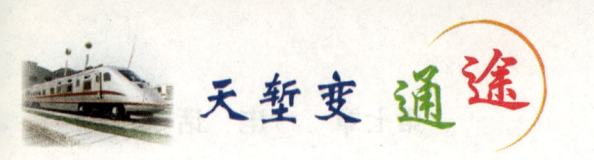

第一个全国性、全数字化光纤网络，以及屡获殊荣的 Tier 1 IP 网。Sprint 公司在美国的 18 个州提供本地的语音和资料通信服务，并拥有美国规模最大的 100% 数字化、全国性 PCS 个人无线通信网络。Sprint Nextel 同时也是迄今唯一的运营 WiMAX 网络的重量级运营商。公司宣布将推出 WiMAX 双模手机。

第八章 网络

天堑变通途

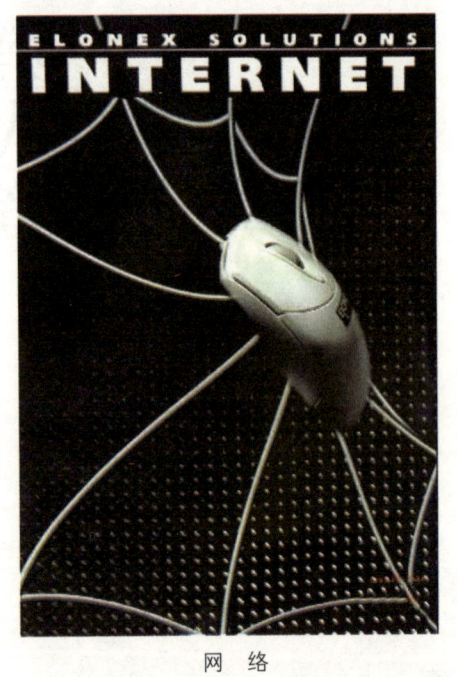

网　络

　　在计算机领域中，网络就是将地理位置不同、并具有独立功能的多个计算机系统，通过通信设备和线路而连接起来，且以功能完善的网络软件（网络协议、信息交换方式及网络操作系统等）实现网络资源共享的系统。实现网络，必须具备四个要素：一是通信线路和通信设备；二是有独立功能的计算机；三是网络软件支持；四是实现数据通信与资源共享。

　　按照不同分类方式，网络有着不同的类别。按覆盖范围，网络可以分为局域网LAN、城域网MAN、广域网WAN三类。其中，局域网作用范围一般为几米到几十千米，城域网作用范围界于WAN与LAN之间，广域网作用范围一般为几十米到几千千米。按拓扑结构，网络可以分为总线型、环型、星型、网状四类；按信息的交换方式，网络可以分为电路交换、报文交换、报文分组交换三类；按传输介质，网络可以分为有线网、光纤网、无线网、局域网四类；按通信方式，网络可以分为点对点传输网络和广播式传输网络两类；按网络使用的目的，网络可以分为共享资源网、数据处理网、数据传输网三类；按服务方式，网络可以分为客户机/服务器网络和对等网两类。

　　在这一章里，我们就来一起谈一下网络的相关知识。

第八章　网　络

网络的诞生

1946年，世界上第一台电子计算机问世。可是由于价格昂贵，所以数量极少。为了解决这一矛盾，产生了所谓的早期计算机网络。早期的计算机网络是将一台计算机经过通信线路与若干台终端直接连接，这种方式也可以看作为最简单的局域网雏形。

最早的网络由美国国防部高级研究计划局——ARPA建立。20世纪60年代初，古巴发生了核导弹危机，美国和原苏联之间的冷战状态升温，美国对古巴进行了严密封锁。与此同时，越南战争爆发，大部分第三世界国家发生政治危机。因此，人们普遍认为：只有保持科学技术上的领先地位，才能取得战争的胜利。而电脑领域的发

越南战争

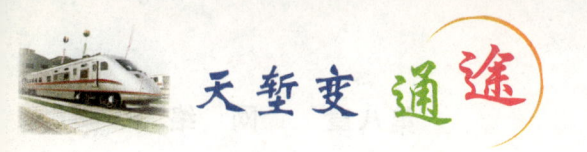

展是科学技术进步的关键。到了60年代末,美国新兴电脑工业为每一个主要的联邦基金研究中心提供了最新的电脑设备,电脑中心互联以共享数据的思想得到了迅速发展。

美国国防部认为,只有一个集中的军事指挥中心是万万不够的,很有必要设计一个分散的指挥系统。这个分散的指挥系统由一个个分散的指挥点组成,即使部分指挥点被摧毁后仍然不会影响其他的指挥点正常工作,而这些分散的点又能通过某种形式的通讯网取得联系。1969年,美国国防部高级研究计划管理局开始建立一个名为ARPAnet的网络。这个网络把美国的几个用于军事研究的电脑主机联接起来。1977—1979年,ARPAnet

美国国防部

第八章　网络

推出了TCP/IP体系结构和协议。1980年前后，ARPAnet上的所有计算机开始了TCP/IP协议的转换工作，并以ARPAnet为主干网建立了初期的Internet。

1983年，ARPAnet的全部计算机完成了向TCP/IP的转换，并在UNIX（BSD4.1）上实现了TCP/IP。1984年，美国国家科学基金会NSF规划建立了13个国家超级计算中心及国家教育科技网，并随之取代了ARPANET的主导地位。1986年，美国国家科学基金会利用ARPAnet发展出来的TCP/IP的通讯协议，在5个科研教育服务超级电脑中心的基础上建立了NSFnet广域网。很多大学、政府资助的研究机构甚至私营的研究机构纷纷把自己的局域网并入NSFnet中。ARPAnet逐步被NSFnet所替代。

到了90年代初期，Internet事实上已经成为一个"网中网"。各个子网分别负责自己的架设和运作费用，而这些子网又通过NSFnet互联起来。这时，Internet的使用者不再限于电脑专业人员。新的使用者发现，加入Internet除了可共享NSFnet的巨型机外，还能进行相互间的通讯。于是，他们开始把Internet当作一种交流与通信的工具。1991年，美国的三家公司分别经营着自己的CERFnet、PSInet及Alternet网络，他们组成了"商用Internet协会"，这是Internet发展史上的一个里程碑。商业机构一踏入Internet，就发现了它在通讯、资料检索、客户服务等方面的巨大潜力，世界各地无数的企业及个人开始不断涌入Internet。

目前，Internet已经联系着超过160个国家和地区、4万多个子网、500多万台电脑主机，直接的用户超过4 000万，成为世界上信息资源最丰富的电脑公共网络。因

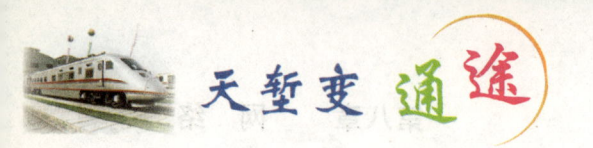

此，人们把Internet看作是未来全球信息高速公路的雏形。

网络在中国的发展

1987年，中国学术网CANET向世界发出了第一封E-mail，这是我国网络的发展的标志。在此后的几十年里，我国的网络发展CHINANET。

简单说来，Internet在中国的发展历程大致可划分为三个阶段。

百度搜索引擎

取得了较大的进步，并形成了四大主流网络体系。这四大主流网络体系为：国家教育部的教育和科研网CERNET，中科院的科学技术网CSTNET，原电子部的金桥网CHINAGBN和原邮电部的

◆ 研究试验阶段

这一阶段是Internet在我国的研究试验阶段。在此期间，中国一些科研部门和高等院校开始研究Internet技术，并开展了科研课题和科技合作工作。但是，这个阶段的

第八章　网络

网络应用范围比较狭窄，仅限于小范围内的电子邮件服务。

◆ 起步阶段

这一阶段是Internet在我国的起步阶段。1994年4月，中关村地区教育与科研示范网络工程进入Internet。从此，国际上才开始正式承认中国是有Internet的国家。之后，Chinanet、CERnet、CSTnet、Chinagbnet等多个Internet络项目在全国范围相继启动，Internet开始进入公众生活，并在中国得到了迅速的发展。到1996年底，中国Internet用户数已达20万，利用Internet开展的业务与应用也日益增多。

◆ 快速发展阶段

这一阶段是Internet在我国发展快速的阶段。1997年以后，国内Internet用户数基本保持每年翻两番的增长速度。据中国Internet网络信息中心公布的统计报告显示，截至2003年6月30日，我国上网用户总人数为6800万人。这一数字比年初增长了890万人，与2002年同比增加了2220万人。目前，中国共有五家具有独立国际出入口线路的商用性Internet骨干单位，还有面向教育、科技、经贸等领域的非营利性Internet骨干单位。现在有600多家网络接入服务提供商，其中有140家跨省经营。

随着网络基础的改善、用户接入方面新技术的采用、接入方式的

搜狐标志

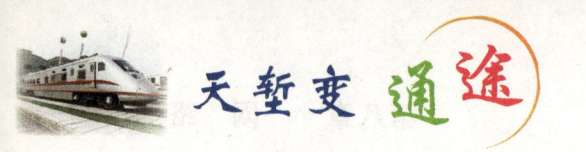

多样化和运营商服务能力的提高，接入网速率慢的问题将会得到进一步改善，上网速度将会更快，从而在网上实现更多的应用。

交通通讯小百科

著名搜索引擎

1.国外英文目录索引：

Yahoo：最著名的目录索引，搜索引擎开山鼻祖之一。

Dmoz.com/ODP：由义务编辑维护的目录索引。

Ask Jeeves：著名的自然语言搜索引擎，2002年初收购Teoma全文搜索引擎。

LookSmart：点击付费索引目录，2002年收购WiseNut全文搜索引擎。

About.com：有其自身特色的目录索引。

2.国外英文搜索引擎：

Google：以搜索精度高、速度快成为最受欢迎

雅虎

第八章 网　络

的搜索引擎之一，是目前搜索界的领军人物。

Fast/AllTheWeb：总部位于挪威，搜索引擎的后起之秀，风头直逼google。

AltaVista：曾经的搜索引擎巨人，目前仍被认为是最好的搜索引擎之一。

Overture：最著名的搜索引擎广告商，竞价排名的始作俑者，也是全文搜索引擎。

Lycos：发源于西班牙的搜索引擎，网络遍布世界各地。

HotBot：隶属于Lycos Networks，搜索结果来自其他搜索引擎及目录索引。

新浪网

3.国内目录索引：

搜狐（Sohu）：国内三大门户之一，最早在国内推出搜索引擎收费登录服务。

新浪（Sina）：最大的中文门户网站，同样也推出了搜索引擎收费索引项目。

网易（Netease）：网易搜索是ODP的国内翻版，其目录由志愿管理员维护，是google的网页搜索用户。

241

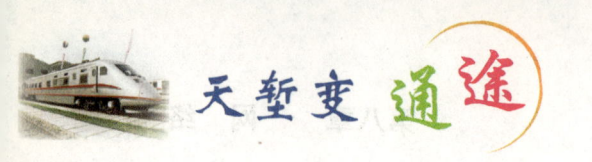

4.国内搜索引擎：

百度（Baidu）：国内唯一商业化的全文搜索引擎，提供搜狐、新浪、263、Tom等站点的网页搜索服务。

网络的用途

◆ 网络传播

"网络传播"是近年来广泛出现于传播学中的一个新名词。它主要是相对于三大传播媒体即报纸、广播、电视而言的。所谓网络传播其实就是指通过计算机网络的人类信息（包括新闻、知识等信息）传播活动。在网络传播中的信息，以数字形式存贮在光、磁等存贮介质上，通过计算机网络高速传播，并通过计算机或类似设备阅读使用。网络传播以计算机通信网络为基础，进行信息传递、交流和利用，从而达到其社会文化传播的目的。网络传播具有全球性、交互性、超

报 纸

第八章 网 络

文本链接方式三个基本特点。网络传播学的相关学科主要有：传播学、政治学、社会学、心理学、新闻学、经济学、计算机科学等。

◆ 网络硬盘

"网络硬盘"是一块专属的存储空间，用户通过上网登录网站的方式，可方便上传、下载文件，而独特的分享、分组功能更突破了传统存储的概念。与其他同类产品相比，"网络硬盘"具有四大特点：即直观预览、四级共享、分组管理、稳定安全。网络硬盘可用于传输、存储和备份计算机的数据文件，方便用户管理使用。

网络硬盘

天堑变通途

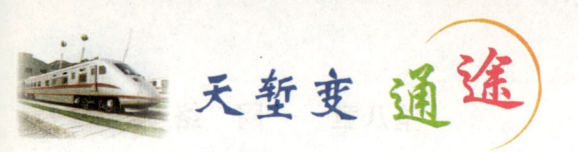

◆ 网络电话

网络电话又称为IP电话，主要通过互联网协定来进行语音传送。网络电话与传统的国际电话有着一定的区别：传统的国际电话以类比方式来传送语音，语音先会转换为讯号，然后再通过铜缆将声音传送到对方。而网络电话则是将声音通过网关转换为数据讯号，并被压缩成数据包，然后才从互联网传送出

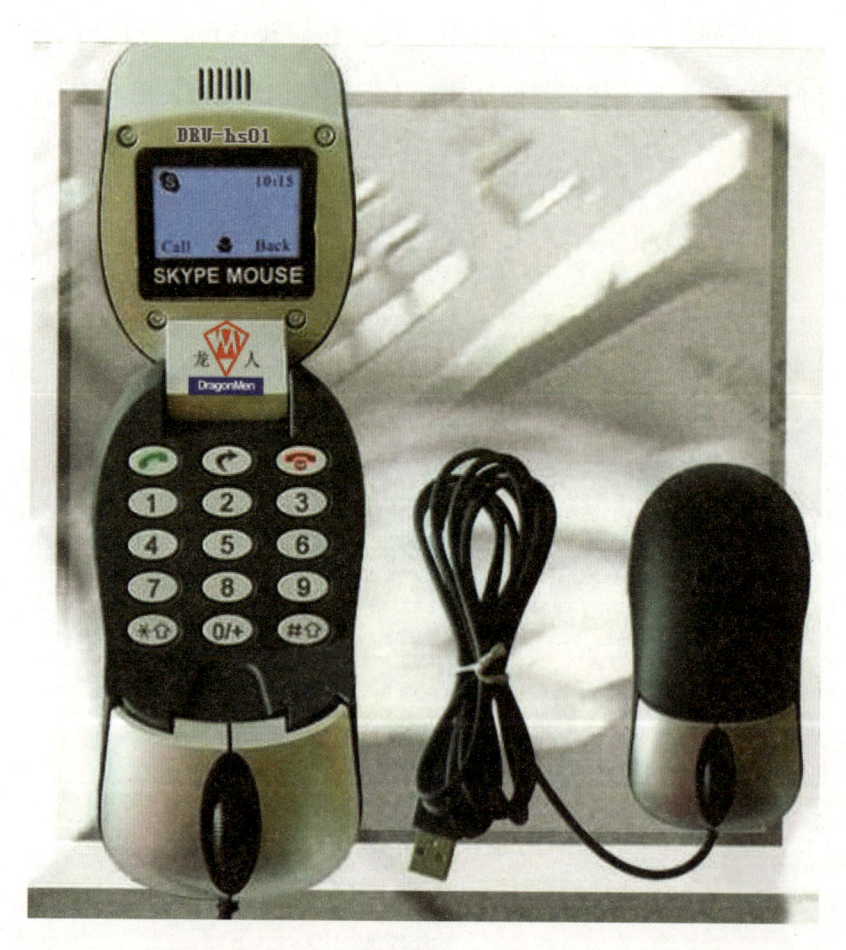

网络电话

第八章 网络

去，接收端收到数据包时，网关会将它解压缩，重新转成声音传给另一方。目前网络电话联机方式一般来说可以分为3种：网络-网络、网络-电话、电话-电话。无论是上班族还是家庭使用者、学生、网际网络浏览者、游戏玩家、家庭成员，网络电话都给我们提供了一个全新的、容易的、经济的方式来和世界各地的朋友及同事通话。

◆网络教育

网络教育是指在网络环境下，以现代教育思想和学习理念为指导，充分发挥网络的各种教育功能和丰富的网络教育资源优势，向教育者和学习者提供的一种网络教和学的服务，这种服务体现于用数字化技术传递内容，开展以学习者为中心的非面授教育活动。

◆网络电视

网络电视又称IPTV，它将电视机、个人电脑及手持设备作为显示终端，通过机顶盒或计算机接入宽带网络，实现数字电视、时移电视、互动电视等服务。网络电视的出现改变了以往被动的电视观看模式，实现了电视按需观看、随看随停的全新电视观看方式。

◆网络金融

网络金融又称电子金融，是指在国际互联网上实现的金融活动，包括网络金融机构、网络金融交易、网络金融市场和网络金融监管等方面。网络金融不同于传统的以物理形态存在的金融活动，它是存在于电子空间中的金融活动。其存在形态是虚拟化的，运行方式是网络化的。网络金融是信息技术，特别是互联网技术飞速发展的产物，是适应电子商务发展需要而产生的

245

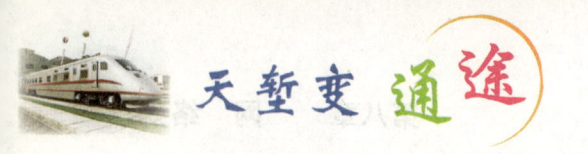

网络电视

网络时代的金融运行模式。

◆ 网络营销

网络营销全称是网络直复营销，它是企业营销实践与现代信息通讯技术、计算机网络技术相结合的产物。网络营销是指企业以电子信息技术为基础，以计算机网络为媒介和手段而进行的各种营销活动的总称。其内容包括网络调研、网络推广、网络新产品开发、网络促销、网络分销、网络服务等。

◆ 网络保险

网络保险是新兴的一种以计算机网络为媒介的保险营销模式，跟传统的保险代理人营销模式有一定区别。目前，国内的保险网站大致可分为两大类：一是保险公司的自建网站，主要推销自家险种，如平

第八章　网　络

安保险的"PA18"、泰康人寿保险的"泰康在线"等；二是独立的第三方保险网站，是由专业的互联网服务供应商出资成立的保险网站，不属于任何保险公司，但也提供保险服务，如易保、网险等。

网络保险涉及到银行、电信等多个行业，想要完善这一项巨大的社会系统工程尚需要较长的时间。目前，由于网络黑客的袭击，使得计算机网络系统的自身安全缺乏保障，网络保险存在不安全隐患。而网络保险由于保险当事人之间的人为因素与深刻复杂的背景及利益关系，使得在网上投诉、理赔容易滋生欺诈行为。因此，仅仅把希望寄托在网上运作上还不能支撑网络保险，网络保险在我国还有很艰难的路程要走。

平安保险

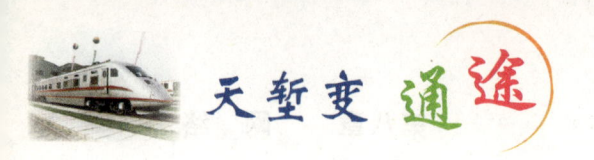

交通通讯小百科

中国四大骨干网

（1）中国公用计算机互联网（CHINANET）：又称邮电部互联网、中国公用Internet网，是邮电部经营管理的基于Internet网络技术的

清华大学

第八章 网络

中国金桥信息网

电子信息网，1995年初与国际互联网连通，并于5月向社会提供服务。CHINANET由骨干网、接入网组成，骨干网是其主要信息通路，由直辖市和各省会城市的网络节点构成；接入网是各省（区）建设的网络接点形成的网络。

（2）中国教育与科研网（CERNET）：1994年启动，1995年底完成首期工程，包括北京（网络中心）、上海、南京、广州、武汉、西安、成都和沈阳等高等学校集中的大城市。全国主干网共11条，于1995年10月开通。二期工程完成后，全国主干网和国际联网的逐步升级，主干网达到2Kbps以上，国际联网达到8Kbps以上。

（3）中国科学技术网（CSTNET）：由中国科学院主持，联合清华、北大共同建设。1994年4月开通了与Internet的专线连接。1994年5月21日完成了我国最高域名CN主服务器的设置，实现了与Internet的TCP/

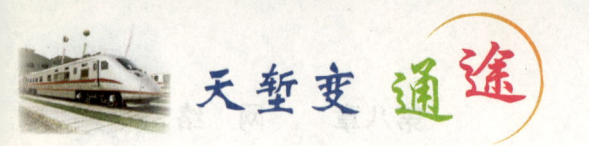

IP连接。1995年底基本完成"百所联网"工程。至1997年底，已连接100多个以太网、3000多台计算机、1万多名用户，成为中国地域广、用量大、性能好、通信量大、服务设施齐全的全国性科研教育网络。

（4）中国金桥信息网（CHINAGBN）：也就是国家公用经济信息通信网，由原电子工业部管理，面向政府、企业、事业单位和社会公众提供数据通信和信息服务。金桥网与Internet连通，已开通24个城市，发展了1000多个本地和远程仿真终端，提供全面的Internet服务。